Les Essentiels
de la Banque et de la Finance

AF893656

La finance islamique
à l'heure de la mondialisation

2e édition

Dhafer Saïdane

Dhafer Saïdane est membre du comité de rédaction de la revue *Techniques financières et développement* dont il a dirigé le n° 90 de mars 2008 intitulé *La Mondialisation financière islamique est-elle au service du développement ?* Il a co-organisé en 2009 la première édition du Workshop "International Islamic Finance in Europe: from Niche to Mainstream?" ainsi que la quatrième édition de ce même Workshop à l'Université Paris-Dauphine en septembre 2011.

Imprimé en France. - JOUVE, 1, rue du Docteur Sauvé, 53100 MAYENNE
N° 727845A. - Dépôt légal : août 2011

DANGER
LE PHOTOCOPILLAGE TUE LE LIVRE

ISBN : 978-2-86325-573-5
Code Géodif : G70685
Copyright © 2011 REVUE BANQUE Édition, 18, rue La Fayette, 75009 – www.revue-banque.fr
Diffusé par les Éditions d'Organisation, 1, rue Thénard, 75240 Paris Cedex 05.

Toute reproduction, totale ou partielle, de la présente publication est interdite sans autorisation écrite de La REVUE BANQUE Édition ou du Centre français d'exploitation du droit de copie (CFC – 20, rue des Grands-Augustins, 75006 Paris), conformément aux dispositions du Code de la propriété intellectuelle.

La finance islamique

à l'heure de la mondialisation

2e édition

Dhafer Saïdane

Maître de conférences HDR à l'Université Lille 3
et Professeur à Skema Business School

RB ÉDITION

Du même auteur

Banques, acteurs de la globalisation financière (Les)
La Documentation française, 2006.
Finance durable (La)
Collectif, Revue Banque Édition. À paraître en 2011.
Industrie bancaire, mondialisation des acteurs et des marchés (L')
Collection Marchés/Finance, Revue Banque Édition, 2007
Nouvelle banque, métiers et stratégies (La)
2e édition, collection Les Essentiels de la Banque et de la Finance, Revue Banque Édition, 2009.

CHEZ LE MÊME ÉDITEUR

Dans la même collection

Analyse boursière fondamentale. Recherche Actions – ***Equity Research***
Ph. Thomas
Autorité de contrôle prudentiel
E. Bouretz et J.-L. Emery
Banque coopérative en Europe – Stratégies et défis (La)
M. Roux et H. Guider
Banque d'investissement et de marché (La)
M. Fleuriet (2e éd.)
Contrôle de gestion et stratégie dans la banque
G. Naulleau et M. Rouach (2e éd.)
Entrepreneurs, quel *Private Equity* pour vous accompagner ? 1er guide pratique pour choisir ses actionnaires financiers
F. Prévost
Établissements financiers et cyberfraudes
M. Quéméner
Finance et gestion dans la banque
M. Rouach
Ingénierie financière
Ph. Thomas
Introduction au *Private Equity* – Les bases du capital-investissement
C. Demaria (3e éd.)
LBO. Montages à effet de levier. *Private Equity*
Ph. Thomas

Marketing bancaire et de l'assurance – Préparer la sortie de crise (Le)
M. Badoc en collaboration avec É. Trouillaud (2e éd.)
Nouvelle Banque (La)
D. Saïdane (2e éd.)
Offres publiques (Les)
M. Demuth et Ph. Thomas
Paiements à l'heure de l'Europe et de l'*e*-paiement (Les)
R. Bouyala
Places financières internationales – Au lendemain de la crise (Les)
A. Borderie (2e éd.)
Principes de finance d'entreprise – *Corporate finance* – création de valeur
Ph. Thomas

Retrouvez tous les ouvrages publiés par Revue Banque Édition
www.revue-banque.fr

Avertissement

Les opinions émises dans le présent ouvrage sont publiées sous la responsabilité de son auteur et n'engagent que lui.

Remerciements

Pour la préparation de cet ouvrage, je remercie mes collègues de SKEMA Business School et au **Lille School of Management Research Center** qui ont mis à ma disposition les bases de données bancaires et financières ainsi que de nombreuses autres sources d'information. Je dois beaucoup aux échanges réguliers et fructueux avec Anouar Hassoune, qui a été pendant plusieurs années vice-président en charge de la finance islamique au sein de Moody's.

Je tiens à les remercier.

Sommaire

Chapitre 2

Les principes de l'économie et de la finance islamique

Partie II

LA FINANCE ISLAMIQUE : LE FONCTIONNEMENT D'UNE FINANCE LIBRE D'INTÉRÊT

Chapitre 3

Comment fonctionne la finance islamique ?

Préface de la première édition

La Place de Paris ne peut que se féliciter de la publication de l'ouvrage par Dhafer SAÏDANE qui, tout en expliquant de manière simple et pragmatique le fonctionnement de la finance islamique, pose les interrogations suivantes : Quels sont les problèmes que connaît actuellement la finance islamique notamment sur le plan de la gouvernance ? Quelles sont ses perspectives d'avenir ? Cette finance peut-elle rivaliser avec la finance conventionnelle ?

C'est aussi un outil pédagogique et synthétique qui permet de mieux comprendre les fondements de la finance islamique, son mode de fonctionnement et la place qu'elle occupe dans la mondialisation actuelle.

La crise financière mondiale a remis en cause les modèles de développement de la finance conventionnelle et la Place financière de Paris entend bien saisir les opportunités que représentent, aujourd'hui, les développements de la finance islamique dans le monde. Comme d'autres centres financiers, elle met en œuvre, depuis plusieurs années, une action énergique pour, à la fois, encourager l'action des banques et sociétés financières françaises au Moyen-Orient et en Asie et accueillir à Paris les acteurs de la finance islamique.

En effet, l'économie française a plus que jamais besoin de financements si elle veut maintenir un certain niveau de croissance, d'emplois et d'équipements ou d'infrastructures et la Place de Paris veut se positionner comme une place de référence en matière de finance islamique.

À travers les interrogations et les réponses qu'il tente d'y apporter, l'ouvrage de Dhafer SAÏDANE ne pourra que favoriser le rayonnement de la finance islamique sur la Place de Paris.

Arnaud DE BRESSON

Délégué Général de Paris EUROPLACE

Introduction

« Nous adapterons notre environnement juridique pour que la stabilité et l'innovation de notre place financière puissent bénéficier à la finance islamique. » Ces mots de Mme Christine Lagarde, ministre français de l'Économie, de l'Industrie et de l'Emploi, traduisent l'intérêt que l'on porte à la finance islamique aujourd'hui[1].

Cette finance pourrait rapporter 100 milliards d'euros pour la France indique le rapport Jouini-Pastré (2008)[2].

Qu'entend-on par finance islamique ?

Islam est un nom commun masculin singulier arabe qui a pour racine le mot *salam* qui signifie « paix ». Le mot islam a aussi pour origine le verbe *aslama* qui signifie « se résigner », « se soumettre » ou « s'abandonner », en l'occurrence ici, à Dieu.

L'islam est une religion monothéiste révélée par Dieu, à partir de l'an 610, au prophète Mouhamad (La Mecque, 570 ; Médine, 632) en Arabie[3]. Cette révélation est consignée dans le Coran[4] composé

1. Forum financier de l'association Paris Europlace, 2 juillet 2008.
2. Elyès Jouini et Olivier Pastré (2008), « Enjeux et opportunités du développement de la finance islamique pour la place de Paris : dix propositions pour collecter 100 milliards d'euros », Rapport, Paris-Europlace, novembre.
3. Selon Sahih Al-Bukhari, Ibn Ouma a rapporté que le prophète Mouhamad a dit : « L'islam est basé sur cinq piliers : témoigner qu'il n'y a de Dieu que Dieu et que Mouhamad est son prophète, effectuer la prière, jeûner pendant le mois du Ramadan, s'acquitter de la *zakat* (aumône), effectuer le *Haj* (pèlerinage à La Mecque). »
4. Selon Kasimirski (1840), le mot *Coran* veut dire « lecture », « récitation », « prédication religieuse ».

de 114 chapitres appelés *sourat* en arabe. Les chapitres sont eux-mêmes composés de versets appelés *ayat* (*aya* au singulier)[5].

Il est intéressant de noter, que les tout premiers versets du Coran révélés au prophète Mouhamad, au demeurant illettré, furent un appel au savoir contre l'ignorance[6] : « Lis, au nom de ton Seigneur qui a créé, qui a créé l'homme d'une adhérence. Lis ! Car Ton Seigneur le Très Noble, qui a enseigné par la plume, a enseigné à l'homme ce qu'il ne savait pas », *Sourate 96 – Al-Alaq* (*L'adhérence*). Ce commandement de « lire » montre l'importance de l'ouverture de l'islam, à la science et aux cultures.

La finance islamique, qui tire son origine de cette quête du savoir, se présente comme une forme d'intermédiation financière qui s'appuie sur les préceptes d'une religion : l'islam. Son fonctionnement repose sur des principes fixés par droit musulman (*charia*) et autre jurisprudence islamique (*fiqh*) des *oulama*, les savants de l'islam. En soi cette intermédiation financière est simple. Elle repose sur le partage des gains et des pertes, la coopération entre les partenaires en vue d'une transparence et la réussite de projets économiques collectifs dans l'intérêt de la *oumma*, la communauté des musulmans.

Cette « finance libre d'intérêt » est en train de s'ouvrir sur l'Occident.

En France, l'article L. 311-1 du Code monétaire et financier stipule que « les opérations de banque comprennent la réception de fonds du public, les opérations de crédit, ainsi que la mise à la disposition de la clientèle ou la gestion de moyens de paiement ». Comment se situent les banques islamiques par rapport à ce cadre conventionnel ? Comment fonctionne la finance islamique ? Quelles sont ses limites ?

Cet ouvrage de synthèse tente de répondre à ces questions. Il est donc consacré à l'explication de ce phénomène qui gagne du

5. Dans la mesure du possible, on privilégiera l'orthographe française et non pas l'anglaise pour retranscrire les sons des mots arabes employés dans ce texte. Dans certains cas, cela ne sera pas possible. En effet, certaines expressions s'imposent aujourd'hui avec leur retranscription anglaise.
6. Muhammad Hamidullah (1982), « L'Islam et son impulsion scientifique originelle », *Revue Tiers-Monde*, Vol. 23, n° 92, p. 785-790.

terrain, se mondialise et qui a su résister à la crise de 2007-2008. Pourquoi un tel engouement pour cette forme d'intermédiation financière ? Certains auteurs insistent sur le potentiel des banques dites islamiques. D'autres montrent que cette finance « communautaire » n'est pas cloisonnée dans l'espace. Du fait de sa capacité à innover et à s'ouvrir, elle est non seulement compatible avec la finance « conventionnelle » mais elle est tout à fait en phase avec la finance internationale. Elle est loin d'être exclusive et sectaire. En effet, la « finance libre d'intérêt » n'est plus l'affaire d'une communauté. Elle semble s'imposer grâce à sa formidable capacité d'innovation financière générant une gamme de produits attractifs. Pour participer à cette « finance durable et éthique », il suffit d'admettre l'un de ses principes théoriques de fonctionnement : une transparence et une symétrie de l'information dans l'intérêt de tous.

Partie I

Origines et principes de la finance islamique

L'islam interdit le *riba*, mot arabe signifiant usure et/ou intérêt. L'interdiction de cette pratique figure dans le Coran et s'est généralisée dans l'Arabie du Moyen Âge. Elle est à la base de l'intermédiation financière islamique. Celle-ci connaît aujourd'hui une expansion fulgurante. Il semble que ce XXIe siècle prépare un développement des produits et des innovations financières islamiques. Dans cette première partie, on examine les origines de l'interdiction du *riba* mais aussi les principes de l'économie et de la finance islamique.

Le fonctionnement de la finance islamique est encore assez méconnu du grand public d'autant qu'il repose sur des références religieuses issues du Coran. Le premier chapitre de ce livre tente d'initier le lecteur aux préceptes de base de cette économie islamique. L'approche s'appuiera rigoureusement sur le texte d'origine[1].

---

1. Pour cet ouvrage, et en particulier pour le chapitre 2, on s'appuie sur trois sources : le Coran en langue arabe, *Le Coran*, traduit de l'arabe par Kasimirski, préface de Mohammed Arkoun, Flammarion, 1970 et le Coran en ligne traduit par le ministère des Affaires islamiques, des *Waqf*, de la Prédication et de l'Orientation Religieuse – Royaume d'Arabie saoudite http://www.qurancomplex.com/sitemap.asp?l=frn&notMenu=true.

Chapitre 1

Origines, développement et normalisation de la finance islamique

Nous essayons dans ce chapitre de restituer les premières traces de la finance islamique. Il s'agit de comprendre les origines de cette finance ainsi que ses premières formes d'organisation. Ses premières traces ont abouti à la formalisation et à la diffusion de ses principes aux quatre coins de la planète. Les véritables premières expériences organisées sont certes tardives mais elles ont rapidement abouti à une adhésion internationale.

I. LES ORIGINES DE LA FINANCE ISLAMIQUE

On peut associer les premières formes d'une finance islamique avec l'Âge d'or de l'Islam entre le VIIIe siècle et le XIVe siècle. Dans un contexte politico-religieux favorable, le monde arabo-musulman dominait le savoir et était à son apogée. Cette finance évoquait davantage une économie monétaire vigoureuse. Elle semble également centrée autour de la finance publique des *khoulafa*[1]. En réalité, le démarrage de la finance islamique telle que nous l'entendons aujourd'hui a été tardif. Il remonte aux années 1970.

1. Calife ou *khalifa* en arabe (*khoulafa* au pluriel), signifie « successeur », sous-entendu du prophète Mouhamad.

A) Les premières traces de la finance islamique

La finance islamique, sous sa forme actuelle, n'existait pas véritablement aux premiers temps de l'islam, c'est-à-dire à l'époque du prophète Mouhamad. Il y avait plutôt des contrats et des transactions régis par les règles du Coran et les pratiques du Prophète[2]. Aussi loin que l'on puisse remonter dans l'histoire, les premières traces d'une finance organisée en pays d'Islam datent probablement des premiers *khoulafa*. Il s'agissait davantage d'une finance prenant ses sources dans l'instauration des premiers systèmes comptables.

D'après plusieurs auteurs contemporains, dont Jean Fourastié, les systèmes comptables ont existé depuis l'invention de l'écriture[3]. La comptabilité a donc toujours organisé le monde des affaires, notamment celui en terre d'Islam. Les hommes ont alors toujours tenu des livres de comptes[4].

Les premières traces d'un système comptable et financier en terre d'Islam remontent donc aux *khoulafa*. Il s'agissait d'une gestion budgétaire des deniers d'un État naissant. Le deuxième khalif, Oumar Ibn El Khatab, qui a gouverné de 634 à 644, aurait même demandé expressément à son gouverneur en Syrie : « Envoie chez nous [à Médine] un expert grec pour mettre en ordre les comptes de nos revenus[5]. »

Durant la période des *khoulafa*, l'expansion territoriale de l'islam et des institutions islamiques a exigé une gestion rigoureuse des comptes de l'État. Il s'agissait en particulier de canaliser efficacement la collecte de la *zakat*[6]. Cette taxe est obligatoire pour

---

2. Ce point de droit musulman sera approfondi dans le chapitre 3.
3. Voir Geneviève Causse et Djelloul Saci (1995), « La comptabilité en pays d'Islam », Chapitre 2 *in* Pierre Traimond (éd.), *Finance et développement en pays d'Islam*, Edicef-Aupelf, 255 pages.
4. Pline l'Ancien (23 à 79 apr. J.-C.) faisait d'ailleurs référence dans son ouvrage *Histoire Naturelle* à un système comptable élaboré sous l'Empire romain qui avait pour objectif d'enregistrer les dépenses et les recettes de l'État.
5. *Ibid.*
6. Selon le Coran, *Sourate 9 – El Tawba (Le repentir), verset 60* : « Les aumônes (*zakat*) sont destinées : aux pauvres et aux nécessiteux, à ceux qui sont chargés de les recueillir et de les répartir, à ceux dont les cœurs sont à

tout Musulman. Elle est réclamée au-delà d'un certain revenu. Les fonds, produits de cette collecte, sont acheminés vers le Beit-El-Mel-El-Mouslimine[7] ou Trésor Public. Rappelons par ailleurs, l'obligation inscrite dans le Coran d'enregistrer les dettes entre croyants (montant, échéance...), *Sourate 2 – El Baqarah (La génisse), versets 282 et 283*. La conjugaison de ces éléments commerciaux (gestion privée) et fiscaux (gestion publique) a donc été de nature à faire émerger un système comptable et financier en terre d'Islam.

Dans son article de 1969, du *Journal of Economic History*, Subhi Labib rappelle aussi que pendant l'Âge d'or de l'Islam, on pouvait détecter dans les territoires des *khoulafa*, du VIII au XIIe siècle, les premières formes de capitalisme et d'économie de marché. L'auteur parle de « capitalisme islamique »[8]. Une économie monétaire est donc née. Elle est basée sur une monnaie forte et stable : le dinar.

De nombreuses innovations financières firent alors leur apparition : chèques, contrats, lettres de change, opérations de transferts internationaux de fonds, opérations de partenariats, comptes d'épargne, change... Toutes ces techniques ont été par la suite, à partir du XIIIe, transférées à l'Europe médiévale.

Il est intéressant de noter que c'est durant cet Âge d'or que le *riba* – ou usure – était interprété d'une manière inédite et qu'il a été à l'origine d'une innovation financière. Le *riba* était limité uniquement aux produits signalés dans le célèbre *hadith* des « six produits » du prophète Mouhamad rapporté par El Boukhari (810-870). Que dit ce *hadith* ? : « Du blé pour du blé à part égale et de main à main ; le surplus étant de l'usure. De l'orge pour de l'orge à part égale et de main à main, le surplus étant de l'usure. Des dattes

---

rallier, au rachat des captifs, à ceux qui sont chargés de dettes, à la lutte dans le chemin de Dieu et au voyageur. Tel est l'ordre de Dieu. Dieu sait et il est juste. »

7. Lieu où sont conservées les finances de la communauté ou *oumma*. Sur ce point, voir l'ouvrage de Abdul Hadi Gafouri (2000), *Islam et économie : réflexion sur les principes fondamentaux de l'économie islamique*, Éditions El Bouraq, 355 pages.
8. Subhi Labib (1969), "Capitalism in Medieval Islam", *The Journal of Economic History*, 29 (1), p. 79-96.

pour des dattes à part égale et de main à main, le surplus étant de l'usure. Du sel pour du sel à part égale et de main à main ; le surplus étant de l'usure. De l'argent pour de l'argent à part égale et de main à main, le surplus étant de l'usure. De l'or pour de l'or à part égale, de main à main, le surplus étant de l'usure. »

Une jurisprudence est venue atténuer le principe de l'usure. On parle ici de *hyal*, c'est-à-dire de ruses[9]. L'or et l'argent sont donc considérés comme source de *riba* sauf s'ils sont représentés par une monnaie fiduciaire, scripturale ou divisionnaire hors or et argent. Plusieurs juristes de l'époque ne considéraient donc pas que le règlement d'une dette avec un montant supérieur d'unités monétaires – hors or et agent – était du *riba*. Ainsi ce qui était important c'était la valeur réelle matérielle de la monnaie déterminée par son poids en or ou en argent, conformément au *hadith*, plutôt que par sa valeur faciale numérique et immatérielle. La valeur faciale peut tout à fait différer de la valeur en poids. L'innovation financière ou la ruse se trouve donc dans le fait, par exemple, qu'il était admis pour un crédit de 100 dinars de récupérer 110 dinars mais de poids or équivalent.

Mais la finance islamique telle que nous l'entendons aujourd'hui n'est apparue que beaucoup plus tard. En effet, les premiers systèmes comptables et de gestion publique des premiers *khoulafa* ont survécu jusqu'à leur chute en 1258 avec la fin de la dynastie des Abbassides[10].

B) Un démarrage tardif des institutions financières islamiques dans les années 1970

L'année 1963 a été marquée par l'apparition de la première caisse d'épargne islamique dans le village égyptien de Mit Ghamr (delta du Nil) fondée par l'économiste Ahmad El Naggar. Plusieurs sources évoquent la **Mit Ghamr Saving Bank**[11]. Elle serait née du

---

9. Nicholas Dylan Ray (1997), "The Medieval Islamic System of Credit and Banking: Legal and Historical", *Arab Law Quarterly*, Vol. 12, n° 1, p. 43-90.
10. Amin Maalouf (1983), *Les Croisades vues par les Arabes*, première édition, Éd. J.-C. Lattès, 300 pages.
11. Ann Elizabeth Mayer (1985), "Islamic Banking and Credit Policies in the Sadat Era: The Social Origins of Islamic Banking in Egypt", *Arab Law Quaterly*, Vol. 1, n° 1, p. 32-50, November.

fait de la méfiance à l'égard des banques fonctionnant selon le modèle occidental. Cette contrainte a poussé la population rurale locale, très croyante, à favoriser un esprit d'entraide et de partage dans une sorte de système tontinier de type islamique. Notons que le fondateur de cette caisse ne cherchait pas, pour des raisons liées au contexte politique de l'époque, à en donner nécessairement une image islamique. Cette première forme de microfinance islamique a drainé une part importante des revenus des villageois. Leurs économies étaient gérées de manière prudente et solidaire pour faire face à leurs besoins.

Cette caisse d'épargne ne facturait ni ne distribuait des intérêts conformément à la *charia*. Elle investissait dans des petits projets commerciaux et industriels directement et en partenariat. Elle redistribuait ensuite les profits. Cette expérience a contribué à l'expérimentation des techniques financières islamiques aujourd'hui admises (*mourabaha, ijara, moucharaka*...). L'expérience n'a duré que quatre ans et semble avoir pris fin pour des raisons politiques. Néanmoins, elle a ouvert la voie à d'autres initiatives étatiques de nature sociale mais conventionnelle, telles que la **Nasser Social Bank**[12] qui a démarré son activité en 1972. Il s'agit de la première banque égyptienne destinée aux classes à bas revenus visant à lutter contre la pauvreté et le chômage. Outre les services offerts dans le cadre de la banque sociale conventionnelle, la Nasser Social Bank a aussi développé parallèlement des services financiers islamiques séparés des premiers : collecte et redistribution de la *Zakat* aux plus nécessiteux, financement du pèlerinage à La Mecque...

En 1969 a été créé en Malaisie le Tabung Hadji un fonds islamique d'entraide. Ce fonds existe toujours[13]. Il permet de venir en aide financièrement aux pèlerins qui s'apprêtent à se rendre à La Mecque par un système d'épargne et de placement conforme à la *charia*[14]. Le Tabung Haji joue aujourd'hui encore un rôle important dans le développement économique de la Malaisie. Il

12. http://www.nsb.gov.eg/NasserSocialBank/ar-EG/
13. http://www.tabunghaji.gov.my/th/TH/THHajiMontaj.html
14. Joni Tamkin Borhan (2001), "Tabung Haji as an islamic financial institution: An analysis of its contribution in the economic development in Malaysia, 1969-1990", *Islamic Culture*, Vol. 75, n° 4, p. 49-77.

permet d'assurer la bancarisation des plus démunis et de les aider selon les préceptes du Coran.

La même année est créé le Dallah Albaraka Group, devenu depuis un puissant conglomérat multi-activité avec en son sein l'incontournable **Albaraka Banking Group**[15] doté d'une constellation de filiales "Charia Compliant" spécialisées dans la banque de détail et dans la banque d'investissement éparpillées aujourd'hui dans le monde musulman.

Mais c'est dans les années 1970 qu'on assiste au démarrage de la finance pratiquée selon les préceptes de la *charia* à une plus grande échelle. Appelée depuis "Islamic Finance", elle est apparue au Moyen-Orient grâce à l'initiative, en décembre 1973, de **l'Organisation de la Conférence Islamique** (OCI)[16] de créer l'**Islamic Development Bank** qui a démarré son activité en octobre 1975. La même année, la banque privée **Dubai Islamic Bank**[17] (*cf.* encadré 1) est créée.

Encadré 1. – Les premières banques purement islamiques dans les pays du Golfe au XXe siècle

ARABIE SAOUDITE

- **Al Rajhi Bank** (Arabie saoudite) créée en 1957 et transformé en holding **Al Rajhi Trading and Exchange corporation** en 1978 (http://www.alrajhibank.com.sa/pages/default.aspx)

DUBAI

- **Dubai Islamic Bank** fondée en 1975 (http://www.alislami.ae/en/index.htm)

KOWEÏT

- **Kuwait Real Estate Bank** créée en 1973 et renommée en juillet 2007 **Kuwait International Bank** (http://www.kib.com.kw/eng/index.html)
- **Kuwait Finance House** créée en 1977 (http://www.kfh.com/English/index.asp)

.../...

15. http://www.abg.bh/
16. http://www.oic-oci.org/oicnew/
17. http://www.alislami.ae/en/index.htm

.../...

BAHREÏN

- **Bahrain Islamic Bank** première banque islamique du Royaume de Bahreïn fondée en 1979 (http://www.bisbonline.com/Home/tabid/36/Default.aspx)
- **Shamil Bank of Bahrain** fondée en 1982 (http://www.shamilbank.net/)

ÉMIRATS ARABES UNIS

- **Abu Dhabi Islamic Bank** créée en 1997 (http://www.adib.ae/web/guest/home)

Source : Synthèse de l'auteur d'après les sites Internet des banques.

En mars 1981, est fondée **Dar Al Maal Al Islami** [18], une des plus importantes institutions financières islamiques dont le siège est à Genève. Cette banque, présidée par Mohammed Al Faisal Al Saoud, fournit des **services bancaires commerciaux islamiques** (dépôts, prêts, cartes de crédit, services de gestion d'actifs, gestion de fonds et de portefeuille). À côté de cette activité de détail, elle offre des **services à la clientèle *corporate*** (investissement, conseil en placement sur les fusions et acquisitions, offres publiques, souscription de services d'assurance islamiques).

Ce puissant groupe financier apparaît comme **un « global player » de la finance islamique**. Il est installé dans une dizaine de pays *via* des filiales locales (Bahamas, Bahreïn, Égypte, Luxembourg, Niger, Pakistan, Sénégal, Suisse, Émirats arabes unis, Royaume-Uni).

Avec l'augmentation de la manne pétrolière, la création de banques islamiques dans les monarchies du Golfe s'est accélérée. La finance islamique est en effet fortement corrélée à l'évolution des cours du pétrole et concentrée dans les pays Conseil de Coopération du Golfe (CCG) [19].

Depuis les années 1980, le renouveau religieux et les crises subies par certaines institutions financières conventionnelles a développé une forme d'attrait pour la finance islamique. Celle-ci pourrait-elle

18. http://www.dmitrust.com/index.htm
19. Rapport de Jean Arthuis, rapport d'information n° 33, Sénat – session ordinaire de 2007-2008, commission des Finances.

se positionner alors comme une finance complémentaire, voire substituable à la finance traditionnelle du fait de ses fondements éthiques enracinés dans des textes sacrés ?

Il y a trente ans, la finance islamique était inconnue ou presque. Aujourd'hui cette pratique est présente dans plus de 60 pays.

Très vite le monde de la finance islamique s'est développé et s'est exporté au-delà des pays d'Islam. Le monde de la finance islamique compte actuellement près de 345 institutions financières où fenêtres d'institutions financières pratiquant la finance islamique. Cependant, selon la base de données *Bankscope*, dans le monde seulement 105 banques sont déclarées purement islamiques (*cf.* tableau 1).

On peut noter cependant que la finance pratiquée dans les pays d'Islam du Conseil de Coopération du Golfe et la Malaisie n'est pas à 100 % islamique (*cf.* graphique 1).

Graphique 1. – **Part de marché de l'activité purement islamique dans l'activité bancaire totale par pays (Conseil de Coopération du Golfe et la Malaisie)**

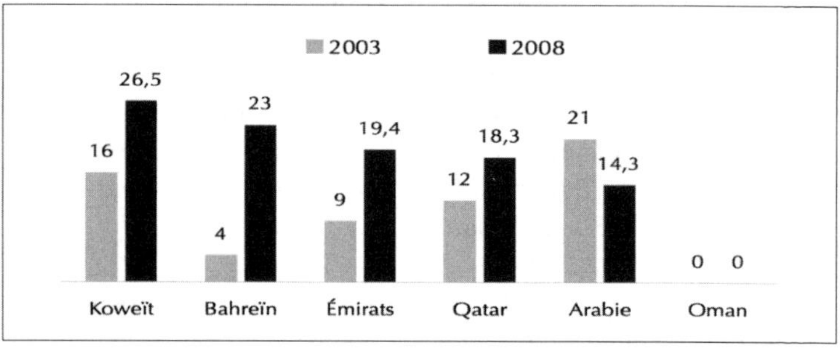

Sources : Traitement de l'auteur à partir des données *Bankscope 2009* et Standard & Poor's et du document « Les habits neufs de la finance islamique », Anouar Hassoune et Mohamed Damak, 16 mai 2007.

La part de marché de la finance islamique ainsi que le nombre de banques islamiques augmentent rapidement mais plus rapidement dans certains pays comme le Royaume de Bahreïn (tableau X et graphique 2).

Graphique 2. – **Évolution du nombre de banques purement islamiques dans les pays du Conseil de Coopération du Golfe (2000-2008)**

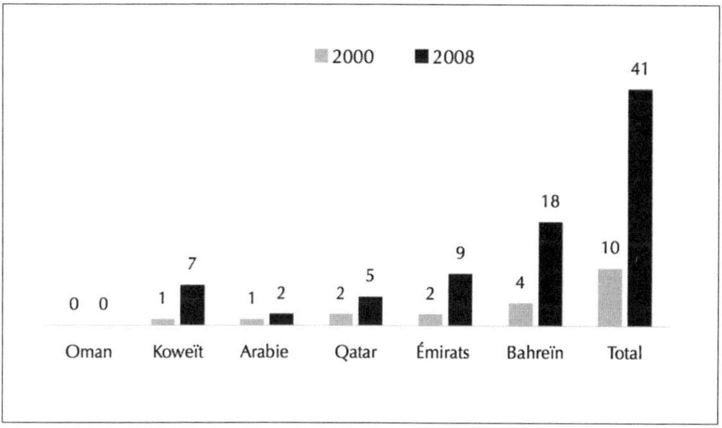

Sources : Graphique élaboré à partir des données extraites de *Islamic Finance Outlook 2006*, Standard & Poor's, septembre 2006 et du document « Les habits neufs de la finance islamique », Anouar Hassoune et Mohamed Damak, 16 mai 2007 et *Bankscope* 2009.

D'après la base de données *Bankscope,* dans les pays du Golfe et d'Asie sur un total de 284 institutions financières, il n'y en a que 58 déclarées comme banques islamiques, soit environ 20 % du total du système bancaire de l'ensemble de ces pays.

Il y a donc plus de banques non islamiques que de banques islamiques dans les pays dits islamiques, hormis le Royaume de Bahreïn, le Qatar et l'Iran (*cf.* graphiques 3 et 4).

Graphique 3. – **Part des banques purement islamiques dans les systèmes bancaires des pays du Golfe et d'Asie (données 2008)**

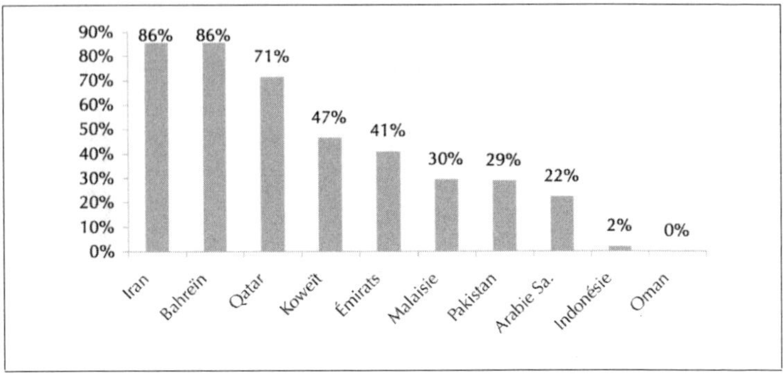

Source : Traitement de l'auteur à partir de *Bankscope*.

Graphique 4. – **Le nombre d'institutions financières purement islamiques et conventionnelles dans les pays du Golfe et d'Asie (données 2008)**

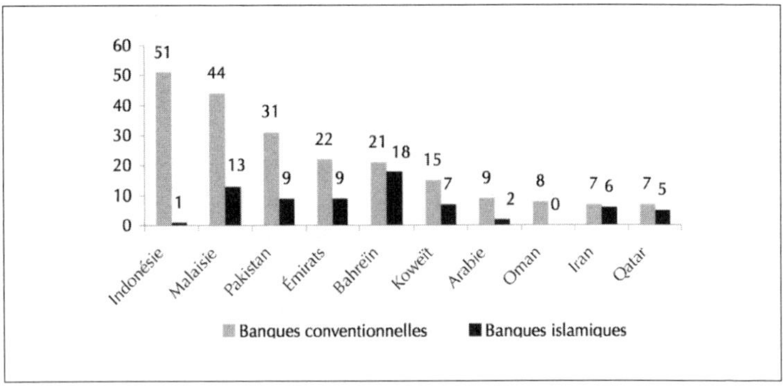

Source : Traitement de l'auteur à partir de *Bankscope*.

En outre, **tous les pays d'Islam du Moyen-Orient ne pratiquent pas la finance islamique**. **C'est le cas du Sultanat d'Oman** dont les autorités monétaires n'autorisent pas cette pratique. Ce pays pourtant domine le sud de la péninsule d'Arabie, sur les bords du golfe d'Oman et de la mer d'Oman. Il est bordé par les Émirats arabes unis au nord, l'Arabie saoudite à l'ouest et le Yémen au sud-ouest, trois pays qui comptent parmi les précurseurs de la finance islamique. Oman se refuse à la finance islamique. Ce rejet de la finance islamique, pratiquée par la majorité sunnite, est-il lié à la spécificité de l'islam de **tendance abadhite qui domine dans ce pays.** Joseph Schacht dans son *Esquisse d'une histoire du droit musulman* parue en 1953 précise d'ailleurs : « ...des recherches récentes ont montré que les anciennes sectes de l'islam [dont les Abadhites], lorsqu'elles se séparèrent de la communauté orthodoxe [Sunnites], ne pouvaient partager avec la majorité les principes essentiels d'un droit qui n'existait pas » (page 16) [20].

Aujourd'hui, les institutions financières islamiques sont concentrées au Moyen-Orient et en Asie du sud-est. Bahreïn et la Malaisie sont les principaux centres. En termes de total du bilan, les banques iraniennes dominent le classement des banques islamiques dans le monde, suivies par les banques saoudiennes et par les banques malaisiennes (tableau 1). Ces banques doivent être cependant analysées avec précaution. Leur islamisation dérive d'un processus historique différent de celui des autres pays. Selon certains experts, l'évolution bancaire en Iran résulte d'une initiative publique menée à travers la révolution de 1979 qui aurait transformé le système de manière contrainte. Dans les autres pays musulmans, l'évolution des banques vers le modèle islamique provient d'initiatives privées[21].

Le tableau 1 récapitule les 105 banques déclarées purement islamiques dans le monde tel qu'elles sont repérées par pays dans la base de données spécialisée *Bankscope*.

---

20. Voir Joseph Schacht (1953), *Esquisse d'une histoire du droit musulman*, traduit de l'anglais par Jeanne et Félix Arin, Éditions M. Besson, 91 pages. L'abadhisme, tendance de l'Islam, se différencie des autres courants musulmans car, selon les Abadhites, le khalifa (commandeur des croyants) ne doit pas être nécessairement de la lignée du prophète Mouhamad. En nombre infime, selon Joseph Schacht, les Abadhites existent encore aujourd'hui dans plusieurs régions du monde musulman. Outre le Sultanat d'Oman, Zanzibar et l'Afrique orientale, ils sont présents à Mzab (Algérie), sur l'île de Djerba (Tunisie) et à Djebel Nafousa (Libye).
21. Échange avec Anouar Hassoune, vice-président en charge de la Finance islamique au sein de Moody's, décembre 2008.

Tableau 1. – **Les banques islamiques dans le monde d'après *Bankscope* 2008**

Nom du pays	Nom de la banque	Total du bilan (millions dollars)	ROE	Rang national	Rang mondial
SAUDI ARABIA	1. Al Rajhi Banking & Investment Corporation	43 981	24,14 %	3	423
	2. Bank AlBilad	4 280	3,85 %	11	1 930
BAHREÏN	3. Albaraka Banking Group BSC	10 920	12,97 %	4	1 127
	4. Arcapita Bank BSC	5 137	25,31 %	9	1 743
	5. Gulf Finance House BSC	3 485	30,20 %	12	2 172
	6. Kuwait Finance House	3 417	10,99 %	13	2 187
	7. Shamil Bank of Bahrain BSC	2 885	5,69 %	14	2 380
	8. Bahrain Islamic Bank BSC	2 324	13,32 %	16	2 659
	9. Al-Salam Bank-Bahrain BSC	1 475	14,81 %	18	3 369
	10. ABC Islamic Bank (EC)	1 461	16,99 %	19	3 381
	11. Khaleeji Commercial Bank	1 237	19,89 %	21	3 664
	12. Albaraka Islamic Bank BSC	1 002	1,61 %	23	4 043
	13. Unicorn Investment Bank BSC	979	7,71 %	24	4 091
	14. Global Banking Corporation BSC	456	22,36 %	28	6 000
	15. Seera Investment Bank BSC	377	– 4,49 %	29	6 570
	16. Capivest	260	5,17 %	32	7 734
	17. VCBank-Venture Capital Bank BSC (c)	244	20,89 %	33	7 993
	18. IIB-International Investment Bank BSC	219	6,64 %	34	8 381
	19. Investors Bank BSC	95	– 39,77 %	38	11 451
	20. Citi Islamic Investment Bank	26	36,84 %		

…/…

.../...

BANGLADESH	21. Shahjalal Islami Bank Ltd	656	23,08 %	24	5 026
	22. ICB Islamic Bank Limited	286	25,58 %	34	7 430
BRUNEI	23. Bank Islam Brunei Darussalam Berhad	3 303	7,98 %	1	2 223
EGYPT	24 Faisal Islamic Bank of Egypt	4 327	5,68 %	11	1 915
	25. Egyptian Saudi Finance Bank	1 894	1,09 %	16	2 974
INDONESIA	26. Bank Syariah Mandiri	1 559	16,36 %	18	3 273
IRAN	27. Bank Mellat	42 484	12,02 %	2	435
	28. Bank Saderat Iran	41 990	4,33 %	3	441
	29. Bank Tejarat	31 633	20,89 %	4	539
	30. Bank Sepah	25 007	0,59 %	5	642
	31. Bank Maskan	18 830	32,75 %	6	773
	32. Agricultural Bank of Iran-Bank Keshavarzi	17 808	1,34 %	7	808
IRAQ	33. Al-Bilad Islamic Bank for Investments & Financing	476	16,67 %	3	5 885
	34. Kurdistan Inter. Bank for Investment and Dev.	215	19,30 %	6	8 445
JORDAN	35. Jordan Islamic Bank for Finance and Invest.	2 606	21,59 %	6	2 503
	36. Islamic International Arab Bank	834	14,42 %		
KUWAIT	37. Kuwait Finance House	38 210	10,93 %	2	471
	38. Investment Dar Co (The)	4 697	31,20 %		
	39. Kuwait International Bank	3 924	12,04 %	11	2 029
	40. Aref Investment Group	2 723	0,24 %	13	2 450
	41. A'Ayan Leasing & Investment Company	2 173	3,15 %	14	2 760
	42. First Investment Company KSCC	908	2,55 %	17	4 272
	43. International Investor Company, KSC (The)	524	– 76,43 %	19	5 619

.../...

.../...

Nom du pays	Nom de la banque	Total du bilan (millions dollars)	ROE	Rang national	Rang mondial
LEBANON	44. Arab Finance House Holding SAL	108	3,17 %		
	45. Al Baraka Bank Lebanon SAL	68	– 10,00 %	27	12 522
MALAYSIA	46. Maybank Islamic Berhad	8 243	6,98 %	17	1 333
	47. Bank Islam Malaysia Berhad	7 212	29,46 %	18	1 438
	48. CIMB Islamic Bank Berhad	5 385	9,77 %	19	1 704
	49. Bank Muamalat Malaysia Berhad	4 157	4,43 %	21	1 966
	50. AmIslamic Bank Berhad	3 865	12,22 %	22	2 177
	51. RHB Islamic Bank Berhad	2 705	10,29 %	25	2 461
	52. Hong Leong Islamic Bank Berhad	2 486	9,85 %	29	2 568
	53. EONCAP Islamic Bank Berhad	2 048	3,76 %	30	2 839
	54. Affin Islamic Bank Berhad	1 752	10,53 %	34	3 088
	55. HSBC Amanah Malaysia Berhad	1 439	3,55 %	39	3 397
	56. Alliance Islamic Bank Berhad	870	9,78 %	44	4 224
	57. Al Rajhi Banking & Investment Corp.	726	0,00 %		
	58. Asian Finance Bank Berhad	527	– 5,32 %	50	5 597
MAURITANIA	59. BAMIS-Banque Al Wava Mauritanienne Islamique	108	5,71 %	4	10 971
PAKISTAN	60. Meezan Bank Limited	1 805	2,50 %	15	3 894
	61. Dubai Islamic Bank Pakistan Limited	405	– 3,13 %	21	6 364

.../...

.../...

PAKISTAN (suite)	62. Albaraka Islamic Bank BSC (EC) – Pakistan Branches	361	10,00 %		
	63. BankIslami Pakistan Limited	241	– 1,52 %	26	8 030
	64. Emirates Global Islamic Bank Limited	209	– 5,88 %	27	8 552
	65. Dawood Islamic Bank	121	1,67 %	32	10 575
	66. First Habib Modaraba	59	9,52 %	35	12 918
	67. Standard Chartered Modaraba	45	7,69 %	37	13 616
	68. First National Bank Modaraba	41	20,00 %	38	13 823
PALESTIAN TER.	69. Arab Islamic Bank	302	12,20 %		
QATAR	70. Qatar Islamic Bank SAQ	9 215	23,12 %	4	1 241
	71. Masraf Al Rayan (QSC)	4 607	18,08 %	7	1 846
	72. Qatar International Islamic Bank	3 528	18,06 %	8	2 161
	73. QInvest LLC	888	3,68 %	10	4 209
	74. First Finance Company (QSC)	721	15,63 %	11	4 772
SINGAPORE	75. Islamic Bank of Asia (The)	735	1,77 %	9	4 730
SUDAN	76. Bank of Khartoum	1 291	1,71 %	2	3 582
	77. Faisal Islamic Bank (Sudan)	709	33,33 %	3	4 810
	78. Tadamon Islamic Bank	578	28,75 %	4	5 348
	79. Islamic Co-operative Development Bank	345	10,71 %		
	80. Al Baraka Bank Sudan	302	14,29 %	7	7 258
	81. Industrial Development Bank	252	0,66 %	9	7 874
	82. United Capital Bank	242	7,81 %	10	8 020
	83. Al Shamal Islamic Bank	221	3,33 %	12	8 342
SYRIA	84. Syria International Islamic Bank	779	2,80 %	6	4 623
TUNISIA	85. Bank Ettamouil Saoudi Tounsi – BEST Bank-	461	13,51 %	9	5 965

.../...

.../...

Nom du pays	Nom de la banque	Total du bilan (millions dollars)	ROE	Rang national	Rang mondial
TURKEY	86. Bank Asya-Asya Katilim Bankasi AS	5 346	16,81 %	14	1 709
	87. Türkiye Finans Katilim Bankasi AS	4 657	15,98 %	15	1 838
	88. Kuwait Turkish Participation Bank Inc.	3 749	13,30 %	16	2 084
	89. Albaraka Turk Participation Bank	3 114	21,34 %	18	2 288
UNITED ARAB EMIRATES	90. Dubai Islamic Bank plc	23 153	19,38 %	7	678
	91. Abu Dhabi Islamic Bank – Public Joint Stock Co.	13 944	15,11 %	9	968
	92. Emirates Islamic Bank PJSC	7 189	23,90 %	11	1 445
	93. Noor Islamic Bank	5 929	13,64 %	12	1 617
	94. Dubai Bank	5 036	11,57 %	13	1 763
	95. Amlak Finance PJSC	4 315	9,63 %	14	1 917
	96. Sharjah Islamic Bank	4 230	5,56 %	16	1 946
	97. Tamweel PJSC	3 233	19,12 %	21	2 247
	98. Ajman Bank	278	0,36 %	27	7 514
UNITED KINGDOM	99. BLME-Bank of London and the Middle East Plc	1 264	0,82 %	118	3 623
	100. European Islamic Investment Bank Plc	405	– 9,24 %	172	6 367
	101. Islamic Bank of Britain Plc	264	– 32,14 %	183	7 691
	102. Gatehouse Bank Plc	15	– 81,82 %		
YEMEN	103. Tadhamon International Islamic Bank	1 379	6,87 %	1	3 472
	104. Saba Islamic Bank	645	6,06 %	4	5 078
	105. Shamil Bank of Yemen & Bahrain	109	3,57 %	8	10 966
		Total = 489 023	**Moyenne = 8,35 %**		

On observe en général une certaine variabilité dans l'interprétation du Coran au sein du monde financier musulman. L'Arabie saoudite est plus stricte que les pays d'Asie du Sud-Est ou que la célèbre Université d'Al-Azhar en Égypte. Cette dernière a, par exemple, autorisé l'usage du taux d'intérêt dans certains cas de figure (*cf.* chapitre 2). Mais en dernier recours, ce sont les conseils de conformité à la *charia* qui servent de garants pour les investisseurs musulmans.

Les conseils sont apparus à partir des années 1970 (*cf.* chapitre 3). Pour qu'une banque islamique puisse vendre des produits financiers conformes à la *charia,* elle doit en faire certifier la légalité religieuse. Ainsi, chaque banque dispose en son sein d'un comité de sages "Charia Supervisory Board". Ces conseils de conformité à la charia sont composés d'experts financiers et de théologiens érudits de l'islam (*oulama*). Ces personnalités certifient que les actions et le fonctionnement de la banque sont en conformité avec la *charia*. Elles interviennent aussi dans la conception de produits et de services financiers.

II. PREMIÈRES EXPÉRIENCES : VERS UNE NORMALISATION INTERNATIONALE ?

Les pays qui pratiquent la finance islamique se situent principalement dans les pays du Golfe et d'Asie et, dans une proportion moindre, au Maghreb et en Afrique. Depuis quelques années, ces pays évoluent vers l'adoption de normes permettant une reconnaissance internationale de leur mode de fonctionnement.

A) Quelques expériences : les pays du Golfe, l'Asie, le Maghreb, l'Afrique

Les pays du Golfe, le Pakistan, le Soudan, l'Iran mais aussi certains pays d'Asie du Sud-Est et la Malaisie sont considérés comme des précurseurs en la matière. Ils ont progressivement introduit un système financier islamique. Ces institutions apparaissent aussi hors du monde Musulman, c'est-à-dire en Europe et aux États-Unis (*cf.* encadré 2 et tableau 2).

Encadré 2. – Les Musulmans dans le monde

D'après la CIA (Central Intelligence Agency), en juillet 2008, sur une population mondiale de 6,7 milliards d'individus, il y avait 33,32 % de chrétiens, 21,01 % de musulmans, 13, 26 % d'hindous, 5,84 % de bouddhistes, 0,35 % de sikhs, 0,23 % de juifs, 11,9 % autres religions, 11,77 % sans religions et 2,32 % d'athées.

Sur 1,4 milliard de musulmans, 84 % sont sunnites, 15 % chiites (majoritaires en Iraq, en Iran et chez les musulmans du Liban, nombreux dans les pays du Golfe) et 1 % sont Abadhites (ou Kharédjites d'Afrique du Nord dans la région du Mzab en Algérie, sur l'île de Djerba en Tunisie, et au sultanat d'Oman).

Environ 910 millions vivent en Asie (200 millions en Indonésie, 139 millions au Pakistan, 112 millions au Bangladesh et 130 millions en Inde). 240 millions sont au Moyen-Orient, 357 millions en Afrique – dont 130 environ en Afrique du Nord. L'Amérique du Nord compte environ 5 millions de musulmans, l'Amérique latine 1,7 million et l'Europe entre 13 et 15 millions dont un certain nombre de souche européenne (Albanie, Kosovo, Macédoine, Bosnie, Bulgarie).

La France est le pays européen qui compte le plus de Musulmans : entre 5 et 6 millions de personnes ; l'Allemagne environ 3 millions, surtout d'origine turque ; le Royaume-Uni compte environ 1,6 million de Musulmans surtout originaires du sous-continent indien.

Source : D'après la CIA (Central Intelligence Agency) https:/www.cia.gov/library/publications/the-world-factbook/geos/xx.htmlla ainsi que la base de données de *The Population Reference Bureau* http://www.prb.org/Journalists/FAQ/ Muslims. aspx et Muslims in *the European Union – Discrimination and Islamophobia*, European Monitoring Center on Racism and Xenophobia, 2006, http://eumc.europa.eu/eumc/material/pub/muslim/Manifestations_EN.pdf et diverses sources de presse.

D'après l'encadré précédent, on constate donc que naturellement **tous les musulmans ne sont pas arabes**. Ces derniers, situés pour l'essentiel en Afrique du Nord et au Moyen-Orient, représentent environ 25 % du total des musulmans dans le monde ; environ 60 % d'entre eux sont asiatiques. Les musulmans d'origine africaine – hors Afrique du Nord – représentent environ 15 % des musulmans dans le monde.

Tableau 2. – **Les Musulmans en Europe** (données 2006)

Pays	Chiffres officiels	Chiffres non officiels
Allemagne	3 000 000	3 400 000
Autriche	338 988	
Belgique		360 000
Chypre	4 182	
Danemark	270 000	
Espagne	1 000 000	1 064 904
Estonie	1 387	
Finlande	2 833	
France	5 500 000	
Grèce		360 000
Hongrie	5 777	
Irlande	17 979	
Italie	825 000	
Lettonie	355	
Lithuanie	2 860	
Luxembourg		8 898
Malte		3 000
Pays-Bas	945 000	
Pologne	5 123	
Portugal	12 014	
République slovaque		3 000
République tchèque	3 700	
Royaume-Uni	1 600 000	
Slovénie	47 488	
Suède	300 000	400 000
Suisse	310 000	
Total	**14 188 986**	

Source : *Muslims in the European Union – Discrimination and Islamophobia*, European Monitoring Center on Racism and Xenophobia, 2006, http://eumc.europa.eu/eumc/material/pub/muslim/Manifestations_EN.pdf et BBC, "Muslims in Europe: Country guide" http://news.bbc.co.uk/2/hi/europe/4385768.stm

Au début des années 1990, la finance islamique a été introduite de manière plus volontaire dans certains **pays d'Asie et du Golfe**. Parfois elle cohabite avec la finance conventionnelle. En effet, la Malaisie et l'Indonésie sont deux pays où les institutions bancaires conventionnelles coexistent avec celles d'orientation islamique. Ces pays se sont dotés de structures bicéphales. Ainsi en plus de la Banque Centrale de Malaisie (Bank Negara Malaysia)[22], il existe le "Islamic Interbank Money Market"[23] qui permet aux 12 % de banques purement islamiques de se refinancer sur un marché interbancaire conforme à leurs principes.

En Indonésie, le secteur bancaire islamique ne représente que 1,6 % des actifs bancaires du pays en 2007[24]. Les banques conventionnelles occupent une place prédominante, soit 98 % en 2008 (graphiques 3 et 4).

Les **pays du Golfe** ont connu un développement du secteur financier islamique grâce à des initiatives prises par des investisseurs privés. On trouve d'abord les acteurs islamiques historiques comme Kuwait Financial House, Dubai Islamik Bank ou Bahrain Islamic Bank. À côté de ces banques, on note ensuite de nouvelles institutions conventionnelles ayant introduit dans leur gamme des produits financiers islamiques *via* des fenêtres islamiques. C'est le cas de la plupart des banques de détail saoudiennes[25]. Au sein du système bancaire saoudien, on note que seules 22 % des institutions financières sont purement islamiques (*cf.* graphique précédent).

Au début des années 1980, le **Pakistan** a opté pour une implantation progressive de la finance islamique. En 2008, seules 29 % des banques pakistanaises sont purement islamiques (*cf.* graphique précédent). Au contraire, l'**Iran** a opté pour un passage immédiat de son système bancaire vers un système islamique. Pour cela, l'Iran a dû nationaliser toutes ses institutions

22. http://www.bnm.gov.my/index.php?ch=7
23. http://iimm.bnm.gov.my/index.php
24. Jean-Charles Rouge (2007), « Indonésie : une situation paradoxale pour le plus grand pays musulman du monde », *Banque & Stratégie*, n° 253, novembre.
25. Selon Anouar Hassoune, interview publiée le 13 février 2008. http://www.easybourse.com/Website/interview/1030-anouar-hassoune-moodyLs.php

afin d'éviter les risques de fuites des capitaux consécutives à la révolution islamique de 1979. Actuellement, 87 % des banques iraniennes sont purement islamiques. Les deux premières banques iraniennes islamiques sont Bank Saderat Iran et Bank Mellat. Elles constituent des fleurons du système bancaire iranien.

La finance islamique est encore faible en Afrique malgré les 412 millions de musulmans, soit plus de 50 % de la population africaine. 37 banques gèrent 18 milliards de dollars, soit une part du marché bancaire de moins de 8 %. À **Djibouti,** au **Niger,** au **Nigeria,** au **Soudan**, on a vu se développer des modes de financement islamique. Le système bancaire soudanais est composé de 26 banques dont 7 purement islamiques[26]. Dans ce pays, la banque islamique a été développée à partir de 1984 sur la base de l'interdiction de l'intérêt assimilé par les spécialistes de la *charia* islamique à de l'usure.

Les banques islamiques soudanaises continuent à entretenir des relations avec le système bancaire international. Elles n'intègrent pas les intérêts reçus des banques conventionnelles internationales dans leurs comptes. Les intérêts reçus font l'objet de donations à des œuvres sociales dans le pays.

Des liens étroits existent aussi avec les banques internationales islamiques (Bahreïn, Malaisie, Jordanie, pays du Golfe). D'après Isam Elzein Elmahi, directeur général de la Bourse de Khartoum, le système bancaire soudanais respecte les normes bancaires islamiques, celles de l'Accounting and Auditing Organization for Islamic Financial Institutions (AAOIFI) ainsi que les exigences de Bâle I et II (*cf.* encadré 3)[27].

Le faible développement de la finance islamique dans les **pays du Maghreb** peut paraître surprenant. Pourtant le potentiel et le gisement de clientèle existent. En effet, la population est très sensible à l'argument religieux en matière d'épargne et de financement. De plus la population est encore sous-bancarisée. Le taux de bancarisation ne serait que de 25 % au Maroc, 20 % en

26. Source *Bankscope*.
27. Isam Elzein Elmahi (2008), « La Banque islamique au Soudan », *Techniques financières et développement*, n° 90.

Algérie et environ 33 % en Tunisie[28]. L'articulation entre la finance islamique et la banque de détail au Maghreb est donc manifeste. Certaines banques islamiques du Golfe pourraient parfaitement envisager une diversification géographique et ainsi pénétrer le marché bancaire de la banque de détail au Maghreb.

Au Maroc, le concept de la banque islamique émerge très faiblement malgré le changement de la réglementation opéré par la Bank Al Maghrib (Banque Centrale du Maroc). Cette dernière, après avoir longtemps refusé les produits bancaires dits islamiques, a autorisé le 20 mars 2007 l'offre de **produits alternatifs** : *ijara (leasing)*, *mourabaha* (achat et revente d'un bien avec un surprix), et la *moucharaka* (financement participatif). Les banques marocaines ont donc officiellement la possibilité de commercialiser ces produits. Attijari Wafa Bank, BMCE Bank et la Banque Populaire ont ainsi lancé des produits bancaires qui répondent aux spécifiés et aux règles de la *charia*. Leur succès semble pour le moment relatif[29].

En 2006, Bank Al-Maghrib est devenue membre et actionnaire de l'International Financial Services Board (IFSB) installé en Malaisie (*cf.* encadré 3). L'IFSB est un organisme transnational de régulation qui regroupe les banques centrales des pays musulmans. Il vise la régulation et l'harmonisation des réglementations prudentielles applicables aux banques islamiques.

En **Tunisie** et en **Algérie,** la finance islamique se limitait initialement à une seule banque. Il s'agit de Bank Et-Tamweel Al-Tunisi Al-Saudi (Best Bank) en Tunisie et de la banque Al Baraka en Algérie. Elles sont toutes deux filiales d'un même conglomérat financier, Al Baraka Banking Group (ABG). ABG est majoritairement détenu par des investisseurs saoudiens. L'entité mère est installée au Royaume de Bahreïn. Fin 2008, l'Algérie s'est dotée d'une deuxième banque islamique : Al Salam Bank Algérie.

---

28. Le taux de bancarisation mesure le nombre de personnes détenant un compte bancaire. Didier Planche (2007), « Les banques du Maghreb en pleine effervescence », *Banque et Finance*.
29. Andréane Fulconis-Tielens (2008), « La finance islamique dans le Maghreb : quel rôle pour la France ? », *Banque & Stratégie*, n° 260, juin.

En 2008, la banque émiratie Noor Islamic Bank, filiale de Dubai Investment Group, sixième banque islamique des Émirats arabes unis, a ouvert son premier bureau de représentation en Tunisie. L'activité de ce bureau régional vise l'orientation des investissements des pays membres du Conseil de Coopération de la région du Golfe (CCG) vers la région de l'Afrique du Nord (Tunisie, Égypte, Libye, Algérie, Maroc et Mauritanie). La banque Noor dispose d'un capital de près d'un milliard de dollars. En octobre 2009, est créée à Tunis la Banque Zitouna, la première banque commerciale universelle islamique.

En Algérie, c'est en 1991 que les responsables de la Banque Centrale ont autorisé l'offre de produits islamiques aux particuliers plutôt que de voir le secteur bancaire capté par l'informel. C'est ainsi qu'est née la banque Al Baraka avec pour principal actionnaire un groupe saoudien. La clientèle recherche des produits en conformité avec la *charia*. Le plus souvent il s'agit de crédit automobile. Depuis 2001, 47 500 véhicules ont été achetés en Algérie grâce à un financement islamique, dont 17 500 en 2006.

Al Salam Bank Algérie a débuté son activité comme deuxième banque islamique en Algérie en octobre 2008. La banque vise le financement des entreprises, des particuliers et des différents secteurs comme l'agriculture. La banque est dotée d'un capital de 100 millions de dollars. Elle dispose de deux agences qui emploient 60 agents ; parmi eux des cadres algériens venant d'autres banques[30].

L'implantation de la finance islamique au Maghreb devrait être très progressive.

B) Vers une normalisation et une reconnaissance internationale

La finance islamique cherche aujourd'hui à **s'intégrer dans la mondialisation financière**. Elle est en cours d'évolution vers un modèle financier reconnu à part entière. Un certain nombre d'institutions islamiques officielles ont vu le jour (*cf.* encadré 3). A été créée à partir de 1975 la **Banque Islamique de**

30. Andréane Fulconis-Tielens (2008), *op. cit.* et d'après *El Watan*, édition du 21 octobre 2008 http://www.elwatan.com/Al-Salam-Bank-s-installe-a-Alger.

Développement, basée à Djedda en Arabie saoudite, dont les principaux actionnaires sont l'Arabie saoudite (25,95 %), la Libye (16,15 %) et le Koweït (12,92 %). Ensuite, à partir des années 1990, le monde de la finance islamique a intensifié ses efforts de normalisation, de réglementation et de contrôle. Plusieurs institutions ont adopté des normes comptables conformes à la *charia*. Ces normes sont élaborées par l'**Accounting and Auditing Organization for Islamic Financial Institutions**. En 2002, est apparu l'**Islamic Financial Services Board** pour faciliter l'intégration de la finance islamique à la finance internationale.

Encadré 3. – **Quelques acteurs économiques officiels en relation avec la finance islamique dans la mouvance de l'OIC**

- **Organisation of the Islamic Conference** http://www.oic-oci.org/oicnew/. L'organisation de la Conférence Islamique (OIC), créée le **25 septembre 1969**, est la deuxième organisation intergouvernementale après les Nation Unies. Elle regroupe 57 pays et se veut la voix collective du monde Musulman.
- **The Islamic Development Bank** http://www.isdb.org/irj/portal/anonymous. La Banque Islamique de Développement (BID) a été **fondée par l'OIC à partir de 1975**. Il s'agit d'une banque supranationale de développement. D'après l'article 1 de la charte de la BID, l'objectif de la banque est de « promouvoir le développement économique et le progrès social au sein des pays membres… conformément aux principes de la *Charia* ».
- **Statistical, Economic and Social Research and Training Center for Islamic Countries** (SESRIC) www.sesrtcic.org. Le Centre de Recherches Statistiques, Économiques et Sociales et de Formation pour les Pays Islamiques, mieux connu sous le nom du Centre d'Ankara au sein de la communauté islamique, a été fondé en tant qu'organe subsidiaire de l'Organisation de la Conférence Islamique à Tripoli, Libye, **en mai 1977**. Le Centre est entré en fonctionnement le 1er juin 1978 à Ankara. Il collecte et traite les statistiques et les informations socio-économiques sur les États membres et à leur intention. Il étudie et évalue les évolutions économiques et sociales dans les États membres pour aider à la formulation de propositions.

…/…

…/…

- **Islamic Fiqh Academy** (IFA) www.fiqhacademy.org est une structure créée **en janvier 1981** à Djedda (Arabie saoudite) par l'organisation de la Conférence Islamique (OIC). Ses membres et experts sont choisis parmi les meilleurs savants et érudits actuels de l'islam. Chacun est spécialisé dans un domaine de connaissance particulier : science, médecine, économie, culture…

- **Islamic Center for the Development of Trade** (ICDT) www.icdt-oic.org est une structure créée **en janvier 1981** à Makka (Arabie saoudite) par l'Organisation de la Conférence Islamique (OIC). Le Centre Islamique pour le Développement du Commerce, dont le siège est à Casablanca (Maroc), vise la promotion des échanges commerciaux et des investissements entre les États membres de l'Organisation de la Conférence Islamique.

- **The Accounting and Auditing Organization for Islamic Financial Institutions** (AAOIFI) http://www.aaoifi.com/Latestnews. html. Cette structure, basée au Royaume de Bahreïn, a été établie par la BID le **26 février 1990** afin d'instaurer des règles de gouvernance et d'éthique ainsi que des normes comptables conformes à la pratique des marchés financiers islamiques. Elle est reconnue par les acteurs de la finance islamique comme ayant un rôle moteur en matière de standardisation des règles.

- **Islamic Financial Services Board** http://www.ifsb.org/ inauguré le **2 novembre 2002** à Kuala Lumpur (Malaisie) adapte les standards internationaux aux principes de la *charia*. Il établit ainsi des règles prudentielles ainsi que des normes de *coporate gouvernance* pour les institutions financières islamiques. L'IFSB compte 150 membres dont 37 autorités de régulation et de supervision ainsi que le Fonds Monétaire International, la Banque Mondiale, la Banque des Règlements Internationaux, la Banque Islamique de Développement, l'Asian Development Bank et 108 intermédiaires de marché opérant dans 29 pays.

Source : Information reconstituée par l'auteur d'après « Organisation of the Islamic Conference » http://www.oic-oci.org/oicnew/.

Chapitre 2

Les principes de l'économie et de la finance islamique

La *charia* ou droit musulman s'appuie sur deux sources principales : le Coran et les *hadith* (dires et actes du prophète Mouhamad) qu'on appelle aussi la *sounna* (tradition établie par le prophète Mouhamad).

I. QUELQUES PRINCIPES D'ÉCONOMIE ISLAMIQUE

L'islam ne rejette pas la richesse et l'enrichissement. Au contraire, ce don de Dieu est comparable à la procréation. *Sourate 18 – El Kahf (La caverne), verset 46* : « La richesse et les enfants sont l'ornement de la vie de ce monde. Mais, les bonnes œuvres qui persistent ont, auprès de ton Seigneur, une meilleure récompense et donnent une belle espérance. » On peut noter que la fin du verset indique que l'enrichissement et l'accumulation doivent reposer sur une répartition égalitaire fondée sur les « bonnes œuvres » et le don. C'est là un des fondements du circuit économique islamique.

A) Le circuit économique et la répartition

L'économie islamique encourage l'enrichissement des individus mais sur la base d'**une répartition équitable**. La **propriété**

individuelle est autorisée et **le profit est légitime**. La *zakat* (impôt obligatoire) et la *Sadaka* (aumône) sont encouragées : « Ô croyants ! Faites l'aumône des meilleures choses que vous avez acquises, des fruits que nous avons fait sortir pour vous de la terre. Ne distribuez pas en largesses la partie la plus vile de vos biens », *Sourate 2 – El Baqarah (La génisse), verset 267*. **La *zakat* purifie et multiplie la richesse**. « Ceux qui dépensent leurs richesses dans le sentier de Dieu ressemblent à un grain qui produit sept épis et dont chacun donne cent grains. Dieu augmente les biens de celui qu'il veut. Il est immense et savant », *Sourate 2 – El Baqarah (La génisse), verset 261*. Elle est un **instrument de redistribution**, **de croissance économique** et **de justice sociale**. La *zakat* est un puissant instrument fiscal visant une **harmonie sociale**.

Le gaspillage et l'excès sont condamnés ainsi que la **thésaurisation** car l'argent ainsi retiré du circuit économique pénalise le fonctionnement de l'économie de la communauté. **La fluidité et la liquidité de l'économie sont indispensables** à son bon fonctionnement[1]. La *Sourate 104 – El-Houmaza (Le calomniateur), versets 1 à 4* rappelle : « Malheur au calomniateur acerbe qui a amassé une fortune et l'a comptée et recomptée ! Il pense que sa fortune l'a rendu immortel. Qu'il prenne garde ! Il sera précipité dans *El-houtama* » (*El-houtama* est un des noms de l'enfer). **L'argent doit donc toujours circuler** afin de **contribuer à la croissance** des richesses de la communauté des Musulmans, la *oumma*.

Pour assurer l'équilibre général du système économique et sa pérennité, **une partie de la richesse** accordée par Dieu doit être réservée à des emplois définis par le Coran, c'est-à-dire **redistribuée** conformément à la *Sourate 2 – El Baqarah (La génisse), verset 261*, citée ci-dessus.

La **fluidité des flux financiers**, la **solvabilité** des agents et la **liquidité de l'économie** semblent des **conditions nécessaires pour un bon fonctionnement du circuit économique**, *Sourate 2 – El Baqarah (La génisse), verset 280*. « S'il s'agit d'un débiteur dans la gêne, qu'un répit lui soit accordé jusqu'aux jours d'aisance. Et si

1. Mufti Soubhi El Saleh (1982), « L'Islam face au développement », *Revue Tiers-Monde*, Vol. XXIII, n° 92, p. 925-934.

vous lui faites l'aumône, meilleur sera cela pour vous, si vous saviez... » L'aumône correspond ici à une remise de la dette.

L'économie islamique se fonde donc sur l'**initiative privée**, la **propriété individuelle** mais aussi sur une **répartition solidaire** et une **justice sociale**. Il en découle la nécessité d'un **partage équitable des risques et des gains** pour la légitimité d'un revenu.

B) Transparence et complétude des contrats

L'économie islamique repose sur une **complétude des contrats**[2] et une **transparence des transactions** commerciales et financières ; dans les relations d'affaires la symétrie de l'information résultant de la **sincérité** et de la **confiance** est centrale.

Le Coran exige la **mise par écrit des actes par souci de transparence** et pour la préservation des droits des différentes parties, *Sourate 2 – El Baqarah (La génisse), versets 282 et 283, verset 282* : « Ô croyants ! Quand vous contractez une dette à échéance déterminée, mettez-la en écrit ; et qu'un scribe l'écrive, entre vous, en toute justice ; un scribe n'a pas à refuser d'écrire selon ce que Dieu lui a enseigné ; qu'il écrive donc, et que dicte le débiteur : qu'il craigne son Seigneur, et se garde d'en rien diminuer... Ne vous lassez pas d'écrire la dette, ainsi que son terme, qu'elle soit petite ou grande : c'est plus équitable auprès de Dieu, et plus droit pour le témoignage, et plus susceptible d'écarter les doutes. Mais s'il s'agit d'une marchandise présente que vous négociez entre vous : dans ce cas, il n'y a pas de péché à ne pas l'écrire. Mais prenez des témoins lorsque vous faites une transaction entre vous ; et qu'on ne fasse aucun tort à aucun scribe ni à aucun témoin. Si vous le faisiez, cela serait une perversité en vous. Et craignez Dieu. Alors Dieu vous enseigne et Dieu est Omniscient. »

---

2. Un contrat est complet lorsqu'il n'existe pas d'asymétries d'information entre les deux parties au sens de Akerlof. Voir George Akerlof (1970), « The Market for "Lemons"; Quality Uncertainty and the Market Mechanism », *Quarterly Journal of Economics*. George Akerlof, prix Nobel d'Économie en 2001, établit dans cet article les bases de la théorie de l'asymétrie d'information.

L'asymétrie d'information est donc réprimée et **la transparence doit être cultivée** dans toute circonstance. *Verset 283* : « Mais si vous êtes en voyage et ne trouvez pas de scribe, un gage reçu suffit. S'il y a entre vous une confiance réciproque, que celui à qui on a confié quelque chose la restitue ; et qu'il craigne Dieu son Seigneur. Et ne cachez pas le témoignage : quiconque le cache a, certes, un cœur pécheur. Dieu, de ce que vous faites, est Omniscient. »

L'islam incite également au règlement des contrats de dettes à bonne échéance mais n'exclut pas le report de la dette pour les débiteurs en difficultés conformément à la *Sourate 2 – El Baqarah (La génisse), verset 280*, citée ci-dessus.

II. LES CONCEPTS DE BASE DE LA FINANCE ISLAMIQUE SELON LE CORAN

Parmi les concepts coraniques qui fondent l'essence même de la finance islamique, il y a la notion de *riba* (usure et/ou intérêt) et la notion de *maysir* (spéculation ou hasard).

A) L'usure et l'intérêt : la notion de *riba* dans le Coran

Dans la langue arabe, la notion de *riba* dépasse les simples notions d'usure et d'intérêt. En fait, elle correspond d'une manière plus générale au **profit illicite** et à un **accroissement de biens ou** à un **avantage sans équivalent de service rendu**[3]. Beaucoup de travaux traduisent cette notion par usure et/ou intérêt, assimilant souvent l'un à l'autre.

Durant la période de la révélation coranique, la pratique du prêt à intérêt était très répandue dans la société arabe de La Mecque et de Médine.

Selon le Coran, l'usure est interdite, *Sourate 2 – El Baqarah (La génisse), verset 275* : « Ceux qui avalent [pratiquent] le produit de l'usure se lèveront au jour de la résurrection comme celui que Satan a souillé de son contact. Et cela parce qu'ils disent : l'usure

3. *Dictionnaire Larousse Arabe*, Paris, 1987, p. 571.

est la même chose que la vente [commerce]. Dieu a permis la vente [commerce], il a interdit l'usure. Celui à qui parviendra cet avertissement du Seigneur et qui mettra un terme à cette iniquité obtiendra le pardon du passé ; son affaire ne regardera plus que Dieu. Ceux qui retourneront à l'usure seront livrés au feu où ils demeureront éternellement. »

L'usure n'est donc pas un acte économique et commercial légal. Il s'agit d'un **échange inégal.** Doit-on adopter ici une vision aristotélicienne et considérer l'argent comme une denrée spécifique ne pouvant pas faire l'objet d'un commerce ? Aristote en effet concevait l'économie de manière fondamentalement agraire et liée à la terre. D'où une condamnation du commerce en particulier celui de l'argent qui ne saurait être un produit quelconque. Aristote précise : « L'intérêt est de l'argent issu d'argent, et c'est de toutes les acquisitions celle qui est la plus contraire à la nature[4]. » On ne peut donc exiger une rémunération du seul fait intrinsèque d'un crédit, en raison de la nature même de l'argent. L'interdiction ne peut donc qu'être absolue dans le temps et dans tout type de relation humaine.

Le *riba* ou usure englobe et dépasse cette vision aristotélicienne. Il s'agit d'un supplément donné en sus du principal. Le ***riba* s'oppose donc à la *sadaka*** (aumône). Cette forme d'**exploitation des plus faibles est contre nature** car elle **s'oppose au principe de la fluidité du circuit économique** source de partage et base pour une répartition d'ailleurs non nécessairement égalitaire. *Sourate 2 – El Baqarah (La génisse), verset 276* : « Dieu exterminera l'usure et fera fructifier l'aumône. Dieu hait tout homme infidèle et pervers. Ceux qui croient et pratiquent les bonnes œuvres, qui observent la prière et donnent l'aumône recevront une récompense de leur Seigneur ; la crainte ne descendra point sur eux, et ils ne seront point affligés. » Le ***riba* pervertit donc la répartition harmonieuse de la richesse** dans une société fondée sur l'aumône et l'entraide. *Sourate 2 – El Baqarah (La génisse), verset 278* : « Ô croyants ! Craignez Dieu et abandonnez ce qui vous reste encore de l'usure, si vous êtes fidèles. »

---

4. Aristote, *La Politique*, Livre I, chapitre 3.

La prohibition de toute forme d'usure est claire dans les versets précédents mais elle est confirmée dans le verset suivant par des mots encore plus terribles et menaçants, *Sourate 2 – El Baqarah (La génisse), verset 279* : « Si vous ne le faites pas, attendez-vous à la guerre de la part de Dieu et de son envoyé. Si vous vous repentez, votre capital vous reste encore. Ne lésez personne et vous ne serez point lésés. »

Cette prohibition apparaît indispensable et incontournable pour la construction d'une société harmonieuse. La transgression de cette loi est sanctionnée par de redoutables punitions (*cf.* encadré 4). Elle viserait donc à protéger les nécessiteux contre les abus des plus riches. Cette interdiction de l'intérêt a aussi comme objectif la recherche d'une certaine éthique afin que la pratique usuraire n'alourdisse pas la dette des indigents du fait de l'accroissement des intérêts à verser.

Encadré 4. – **Quelques autres versets coraniques relatifs à l'interdiction de l'usure**

Sourate 30 – El Roum (Les Grecs), verset 39 : « Tout ce que vous donnerez à usure pour augmenter vos biens ne vous produira rien auprès de Dieu. Mais tout ce que vous donnerez en aumônes pour obtenir les regards bienveillants de Dieu vous sera porté au double. »

Sourate 4 – El Nissa (Les Femmes), verset 161 : « Parce qu'ils exercent l'usure qui leur a été défendue, parce qu'ils dévorent le bien des autres en futilités, nous avons préparé aux infidèles un châtiment douloureux. »

Sourate 3 – Al-Imran (La Famille d'Imran), verset 125 : « Ô croyants ! Ne vous livrez pas à l'usure en la portant au double, et toujours au double (en multipliant démesurément votre capital). Craignez le Seigneur et vous serez heureux. »

Source : Selon *Le Coran*, traduit de l'arabe par Kasimirski, préface de Mohammed Arkoun, Flammarion, 1970, 512 pages et le Coran en ligne traduit par le ministère des Affaires islamiques, des *Waqf*, de la Prédication et de l'Orientation Religieuse – Royaume d'Arabie saoudite.
http://www.qurancomplex.com/sitemap.asp?l=frn&not Menu=true.

B) La spéculation : la notion de *maysir* dans le Coran

Dans la langue arabe, la notion de *maysir* correspond à tout type de jeux de hasard, de pari et de spéculation[5]. Plus généralement, le Coran interdit les **actes économiques et sociaux entachés de hasard et donc non maîtrisés** (*maysir*). *Sourate 2 – El Baqarah (La génisse), verset 219* : « Ils t'interrogeront sur le vin et le jeu de hasard. Dis-leur : Dans les deux il y a un grand péché et quelques avantages pour les gens ; mais dans les deux le péché est plus grand que l'utilité. Ils t'interrogeront aussi sur ce qu'ils doivent dépenser en charité. Réponds leur : L'excédent de vos biens. Ainsi, Dieu vous explique ses versets afin que vous méditiez. »

Tout ce qui détourne éloigne de la lucidité, comme le vin, et du réel et tangible, comme le hasard, est banni. *Sourate 5 – El Maïdah (La Table), verset 90* : « Ô croyants ! Le vin, les jeux de hasard, les statues et le sort des flèches de divination[6] sont une abomination inventée par Satan ; abstenez-vous-en, et vous serez heureux. »

Dans les actes entrepris, **le fondamental et le réel doivent donc primer** sur ce qui est pure **illusion et spéculation** fumeuse. Entre le tangible qui est sûr et stable et l'intangible qui est fuyant et instable, il convient de préférer le premier au second.

Sourate 5 – El Maïdah (La Table), verset 91 : « Satan désire exciter la haine et l'inimitié entre vous par le vin et le jeu, de vous éloigner du souvenir de Dieu et de la prière. Ne vous abstiendrez-vous donc pas ? »

On peut noter que certaines interprétations peuvent étendre le contenu de ces versets aux **opérations commerciales basées sur la spéculation et l'exploitation du hasard**. Selon Mohamed El Habib Tijkani, le Prophète Mouhamad a formellement interdit la « vente à la pierre » et les « ventes fictives »[7]. Avec la vente à la pierre le vendeur propose à l'acheteur, par exemple, parmi un étalage de

5. *Dictionnaire Larousse Arabe*, Paris 1987, p. 1176.
6. Les Arabes idolâtres avaient l'habitude de lire l'avenir à l'aide des flèches sacrées conservées dans les temples.
7. Mohamed El Habib Tijkani (1998), « Législation des ventes », *La science de la chari'a pour les économistes,* Banque Islamique de Développement, acte de séminaire, n° 44.

tissus, de vendre la pièce que la pierre atteindra à mille dinars. Ainsi l'objet est vendu par le « jeu du hasard ».

Par conséquent, la vente qui repose sur le hasard comme celles des produits dérivés est condamnée (vente et achat à terme, options d'achat et de vente...). L'incertitude quant à la survenance de la transaction rend illicites les contrats d'options[8].

III. LES PRINCIPES DE LA FINANCE ISLAMIQUE SELON LA *CHARIA*

Fondamentalement, les principes de la finance islamique reposent d'abord sur le Coran. C'est ce que nous avons essayé d'examiner dans le développement qui précède. Ces principes sont complétés et précisés par le droit musulman ou *charia*. Ce droit repose également sur les principes économiques issus de la *sunna* ou tradition du prophète Mouhamad. Il est ensuite complété et vulgarisé par le point de vue des *fuqaha* – exégèses, savants et érudits de l'Islam. Il existe enfin des approches contemporaines qui prolongent le débat par des permissions-dérogations ou *fatwa* sur des questions fondamentales comme celle du *riba*.

A) Quelques principes financiers issus de la *sounna*

Outre le Coran, la seconde source de la *charia* (droit musulman) est la *sounna*, fondée sur les *hadith*, c'est-à-dire sur les paroles et les actes du prophète[9].

Les *hadith* relatifs à la prohibition du *riba*, et attribués au prophète Mouhamad, sont nombreux. On présente, parmi eux, ceux qui sont relatés par des sources considérées par les *fuqaha* comme fiables[10].

---

8. Abderrahmane Lahlou (1998), « Les règles islamiques des marchés financiers », *La science de la chari'a pour les économistes,* Banque Islamique de Développement, acte de séminaire, n° 44.
9. Anne-Claude Dero (2002), « Institutions privées et publiques en droit musulman traditionnel », Série « Histoire des sciences et de la civilisation arabes », Université Libre de Bruxelles.
10. Dans la tradition sunnite, sept imams ont authentifié des *hadith* du prophète : Abou Hourayra (601-679), El Boukhari (815-878), Mouslim (824-881), Abou Daoud (850-938), An Nasaai (837-925), Ibn Majah (831-895),

Mohamed Fall Ould-Bah, auteur d'une thèse de doctorat intitulée *L'Argent de Dieu. Contribution à une anthropologie économique des systèmes financiers musulmans*[11], rappelle que le célèbre compagnon du Prophète, Abou Hourayra, rapporte que le Prophète a dit un jour : « Évitez les sept péchés majeurs. Que sont-ils ? Dirent-ils. Il dit : L'association d'une autre divinité à Dieu, la magie, le meurtre, la consommation du *riba*, la consommation des biens de l'orphelin, la fuite au combat et la diffamation des femmes mariées. »

Le second *hadith* rapporté par Ahmad Ibn Hanbal est assez clair sur la gravité de l'usure : « Un dirham de *riba* consommé volontairement est pire que trente-six péchés de fornications[12]. »

D'autres *hadith* confirment mais atténuent dans une certaine mesure cet interdit, notamment ceux rapportés par Mouslim. On en présente deux[13].

« Le Prophète a maudit, également, celui qui se nourrit de *riba,* celui qui l'offre, celui qui en établit le contrat et ses deux témoins. » Cependant le deuxième *hadith,* toujours rapporté par Mouslim, nuance que : « Il n'y a de *riba* que dans la *nassiaa* (report d'échéance)[14]. »

Le *riba* réellement prohibé serait-il donc celui dans lequel les reports d'échéances sont rémunérés par des surplus d'intérêts ?

En tout état de cause, le deuxième khalif de l'Islam, Oumar Ibn El Khattab, l'un des plus proches compagnons du prophète et grand

---

Ahmad Ibn Hanbal (780-855). Ces dates de naissance et de décès exprimées en « année grégorienne » sont naturellement approximatives car elles résultent d'une conversion exprimée à partir d'« année Hejir ».

11. Mohamed Fall Ould-Bah (2007), *L'Argent de Dieu. Contribution à une anthropologie économique des systèmes financiers musulmans,* thèse de doctorat soutenue à l'université Paul Verlaine de Metz.
12. Mohamed Fall Ould-Bah (2008), « Fondement *Fiqhi* de la Finance Islamique », *Techniques financières et développement,* n° 90.
13. *Ibid.*
14. Kader Merbouh et Farid Dahamana (2008), « La Finance Islamique : de quoi parle-t-on ? », *Techniques financières et développement,* n° 90.

faqih (exégèse), aurait regretté que le prophète soit décédé avant d'avoir précisé de manière explicite le sens du *riba*[15].

B) Le point de vue des *fuqaha*

Le *riba* a fait l'objet de nombreuses discussions entre les *fuqaha* (exégèses, théologiens-légistes musulmans). Pour certains, le *riba* se réfère à toutes les formes d'intérêt, pour d'autres le mot désigne seulement l'intérêt excessif.

Selon Kader Merbouh et Farid Dahamana (2008), il existe, d'après les différentes interprétations, deux types de *riba* : *riba an-nasiaa* et *riba al-fadhl*[16].

La première catégorie correspond à une pratique financière connue depuis la *jahiliyya* (période antéislamique). Il s'agit d'un intérêt de retard. Il sanctionne les incidents de paiement si, à l'échéance, le débiteur est incapable de rembourser. Il se voit alors proposer un moratoire assorti d'un intérêt. Le processus peut alors se poursuivre au point d'aboutir à une situation de surendettement.

La seconde catégorie de *riba* est ambiguë. Il s'appuie sur le célèbre *hadith* du prophète, rappelé dans le chapitre 1, et qui fait l'unanimité. Ce *hadith* – dit des « six produits » – est rapporté par El Boukhari.

« Du blé pour du blé à part égale et de main à main ; le surplus étant de l'usure. De l'orge pour de l'orge à part égale et de main à main, le surplus étant de l'usure. Des dattes pour des dattes à part égale et de main à main, le surplus étant de l'usure. Du sel pour du sel à part égale et de main à main ; le surplus étant de l'usure. De l'argent pour de l'argent à part égale et de main à main, le surplus étant de l'usure. De l'or pour de l'or à part égale, de main à main, le surplus étant de l'usure. »

Ce *hadith* a toujours été considéré comme une référence fondamentale dans les études doctrinales sunnites, ces derniers représentant d'ailleurs le principal courant religieux de l'Islam. Ils

15. Al Hafiz Ibn Katir : tafsir al-qur'an al-azim, dar al-fikr, Beyrouth, 1997, t. 1, p. 372, cité par Mohamed Fall Ould-Bah (2008), *op. cit.*

16. *Op. cit.*

se réclament de la *sunna* ou tradition et ligne de conduite du prophète Mouhamad.

Parmi les sunnites, le courant zahirite, développé en Espagne durant la présence musulmane, s'appuie sur une interprétation littérale du Coran et des *hadith*. L'un de ses fondateurs Ibn Hazm défend, dans ses écrits qui datent de la fin du Xe siècle, le respect total du texte et la nécessité d'une méthode rationnelle. Par conséquent, ne peuvent être considérés comme sujets à *riba* que les six produits cités (blé, orge, dattes, sel, argent, or). Le courant zahirite rejette donc toute extension à d'autres produits.

En dehors des zahirites, tous les autres courants sunnites ont considéré les six produits comme des produits génériques. Elles ont ainsi interdit tout ce qui porte le nom de *riba*.

Selon certaines études dont celle de Mohamed Fall Ould-Bah (2007), il en résulte qu'une définition du *riba* n'aurait pas encore recueilli un assentiment total parmi les musulmans[17].

Il n'en reste pas moins que les *fuqaha* ont élaboré une doctrine simple et claire du *riba* qui **réunit le plus grand nombre.** Cette doctrine interdit clairement deux types d'opérations :

1/ le prêt générant un **revenu prédéfini** ;

2/ la réception d'une quantité X d'un produit livré par B à A au temps T et la livraison en retour en $T + 1$ du même produit par A à B mais dans une quantité supérieure $X + 1$. Les mêmes biens ne sauraient donc **s'échanger sur la base de quantités inégales du simple fait de l'écoulement du temps alors que leur qualité est identique**.

C) Approches contemporaines de la question du *riba*

Face au développement des pratiques bancaires modernes, les controverses sur la question se sont développées.

Ainsi le deuxième Congrès islamique de l'Académie de recherches islamiques regroupant trente-cinq pays s'est réuni en mai 1965 en Égypte, à El-Azhar[18]. Il a considéré que le *riba* est prohibé :

---

17. *Op. cit.*
18. Les références qui suivent s'appuient sur l'article de Mohamed Fall Ould-Bah (2008), *op. cit.*

- pour **toutes les opérations bancaires** : compte courant, à terme, traites commerciales...,
- pour **tout type de crédit** : crédit à la consommation ou aux entreprises,
- quel que soit le niveau du crédit et **quelle que soit la nécessité**.

Plus tard, en décembre 1985, l'Académie du *fiqh* de l'Organisation de la Conférence Islamique (OCI), réunie à Jeddah), a considéré que tout surplus consenti en contrepartie du report d'un prêt est *riba*[19]. Une telle opération est interdite car elle favorise la **concentration de la richesse entre les mains de quelques individus** lesquels **s'enrichissent sans cause déontologiquement et éthiquement acceptable**. Cette richesse accumulée est condamnée. Elle ne résulte pas d'une activité économique reposant sur **l'effort créateur d'un surplus de richesses légitime.**

Mais vers la fin des années 1990, des permissions-dérogations ou *fatwa* ont cependant été énoncées par certains *fuqaha*. Elles ont atténué cette prohibition. Ces *fatwa* sont d'ailleurs à l'origine de polémiques (encadré 5).

Ainsi, le *faqih* égyptien, Youssef al-Qardhaoui a autorisé les musulmans vivant en Occident, et qui ne peuvent bénéficier de prêts sans intérêt, à **avoir recours au prêt à intérêt dans l'unique but d'acheter un bien indispensable** et de première nécessité[20].

En 2002, Hassan Abbas Zaki, ancien ministre de l'Économie, président du Conseil d'Administration de la Société Arabe Internationale de Banque (SAIB)[21], a adressé la question suivante à Sayed Tantaoui, imam de la mosquée d'El-Azhar au Caire, une des nombreuses voix officielles de l'Islam. « Les clients de la Société Internationale Arabe de Banque confient leurs avoirs et épargnes à ladite banque qui les utilise et investit dans ses opérations licites en contrepartie d'un profit à leur payer qui est défini au préalable pour

---

19. *Ibid.*
20. *Ibid.*
21. Voir le descriptif de cette société financière égyptienne sur http://www.zawya.com.

une période convenue. Pouvez-vous nous dire le statut de cette opération du point de vue de la *charia* ?[22] »

Rappelons que l'Académie des Recherches Islamiques réunit quatorze spécialistes de l'islam dont Mouhamad Sayed Tantaoui, professeur à l'Université d'al-Azhar, Imam et érudit, Mouhamad Hamdi Zaqzouq, professeur de philosophie, ministre des *awqaf* (biens de l'aumône), Oumar Hasim, professeur de *hadith* et recteur de al-Azhar et Ahmad Al-Tayeb, professeur de Philosophie, Mufti d'Égypte.

Le texte de leur réponse sous forme de *fatwa* stipule que les clients qui traitent avec la Société Internationale Arabe de Banque ou bien avec d'autres banques en confiant leurs avoirs et leur épargne à la banque qui devient ainsi leur mandataire pour les investir **dans ses opérations licites en contrepartie d'un profit à leur payer qui est défini au préalable pour une période convenue ; l'opération ainsi décrite est licite et ne présente aucune équivoque**. La *fatwa* précise qu'aucun texte du Coran ou de la *sunna* n'a prohibé cette opération dans laquelle le profit ou le revenu est prédéterminé **pourvu que les deux parties acceptent ce type d'opération. Chacun doit donc connaître ses droits au préalable**. La notion d'intérêt mutuel des parties est donc fondamentale. Le texte de cette *fatwa* introduit en outre une distinction entre l'intérêt et l'usure, **le *riba* étant un taux d'intérêt excessif**.

Pour cette *fatwa*, l'Académie s'appuie sur le verset 29 de la *Sourate 4 – El-Nisa* : « Vous qui croyez, ne mangez pas mutuellement votre bien par esprit de fausseté (illégalement), mais qu'il y ait seulement entre vous négoce consenti. »

L'interdit porte donc sur la consommation des biens d'autrui par des voies illicites comme le vol, le banditisme, le *riba*, et d'autres interdits…

Mais selon **cette *fatwa*, dont les défenseurs restent minoritaires parmi les musulmans** (encadré 5), rien ne s'opposerait à échanger entre individus des utilités licites par voie de transactions issues d'un consentement mutuel permettant à chacun de connaître ses droits dans la totale transparence.

---

22. Pour ce passage, voir Mohamed Fall Ould-Bah (2007), *op. cit.*

Encadré 5. – La polémique suscitée par la *fatwa* de Sayed Tantaoui, mufti d'Égypte et Imam al-Azhar

Évoquée déjà en 1995, cette *fatwa* de 2002 énonce que « lorsque la banque fixe à ses clients un niveau de profit, elle le fait sur la base d'études minutieuses des conditions du marché – tant national qu'international – et de la situation socio-économique du secteur et de ses niveaux moyens de profit. La *fatwa* précise que le niveau de profit peut varier à la hausse comme à la baisse. [...] cette détermination préalable du niveau de profit est bénéfique pour le client et pour la banque. Le client connaît son droit et peut organiser sa vie en conséquence. Le banquier, lui, doit fournir des efforts pour réaliser un profit suffisant pour rémunérer le client et réaliser un profit pour sa propre entreprise. [...] Pour conclure, la détermination préalable du profit de ceux qui investissent à travers les banques est licite et il n'existe aucune équivoque dans ce type d'opération ».

Cette *fatwa* a suscité de farouches critiques dans l'univers des promoteurs de la finance islamique. Dans un article publié sur le site Internet « Islamonline » en date du 25 décembre 2002, l'un des porte-parole de ce groupe, Houssayn Hamad, publie une critique de cette *fatwa* en la qualifiant « d'erronée ». Pour l'auteur, les banques conventionnelles reçoivent de leurs clients des dépôts, qui deviennent propriété de la banque. Elles les utilisent à sa convenance et sous sa responsabilité. Les banques reçoivent ensuite des profits générés par ses opérations. Le client, lui, reçoit un intérêt sur son dépôt déterminé par le montant et la durée du dépôt. La banque s'engage à restituer les fonds déposés. Il s'agit donc d'un prêt du client à la banque. Il en découle que l'augmentation versée relève du *riba*. Les banques islamiques en revanche reçoivent des fonds au titre d'un mandat explicite d'investissement. Ces banques individualisent ces fonds dans un compte autonome où sont enregistrés les charges et les produits générés par les fonds en question.

Source : D'après Mohamed Talbi, « Le prêt à intérêt est-il interdit par l'Islam ? », *Jeune Afrique*, 22 décembre 2002, http://www.jeuneafrique.com/jeune_afrique/article_jeune_afrique.asp?art_cle=LIN22122leprtmalsil0

On peut noter que cette notion « d'intérêt licite » en tant que « productivité du capital » a été déjà développée par des islamologues et orientalistes comme Jacques Austruy dans les années 1960. Ce dernier précise dans son ouvrage *L'Islam face au développement économique* : « La notion d'intérêt a subi un changement de sens avec la révolution économique occidentale : prime illicite de garantie pour des prêts sollicités pour spéculer, risquer une aventure commerciale, ou anticiper des ressources agricoles escomptées, **elle est devenue une contrepartie normale de la productivité du capital... On ne voit pas pourquoi il n'en irait pas de même dans un Islam qui vient de découvrir la productivité du capital** » (pages 88-89)[23].

D) Les principes bancaires retenus

Mais **l'avis de l'Académie des Recherches Islamiques ne fait pas l'unanimité** (encadré 5). Et malgré les différents efforts d'interprétation permettant d'affranchir les relations financières d'une interprétation restrictive de l'intérêt, **le prêt d'argent** rémunéré demeure interdit s'il rapporte un **revenu prédéterminé fixe**.

Par extension et de manière symétrique, le banquier ne doit donc pas percevoir d'intérêts débiteurs. Il y a cependant trois principes sur lesquels tous les *fuqaha* s'accordent et **autorisent le banquier à recevoir des revenus licites**[24].

- Le premier cas se présente lorsqu'il s'agit de **revenus variables selon la rentabilité du projet financé**. Dans ce cas, le contrat peut reposer sur le partage des profits et des pertes. Le contrat peut aussi prévoir qu'en cas de mauvaise affaire l'emprunteur aura à rembourser soit tout ou une partie du capital. C'est le cas, par exemple, du contrat de crédit de type *moudharaba* (*cf.* chapitre 3). Ce mot signifie littéralement **engagement**

23. Jacques Austruy (1961), « L'Islam face au développement économique », *Économie et Humanisme*, 140 pages.
24. *La science de la chari'a pour les économistes*, Banque Islamique de Développement, acte de séminaire, n° 44, 1998.

financier risqué ou encore aventure financière **dont le but est le gain**[25].

- Le deuxième cas de revenu licite pour le banquier est la **marge qu'il commissionne sur une opération de prêt de biens et de marchandises tangibles non monétaires.** Dans ce cas, il s'agit d'une opération commerciale qui s'apparente à un **crédit-bail.** Elle est licite dans la mesure où le banquier confie à l'emprunteur un bien productif (machines, automobiles, matériel de construction, bureaux...). Il **se fait payer en argent pour cette location**. C'est par exemple le cas du crédit de type *ijara* (*cf.* chapitre 3). Il s'agit de contrat permettant d'exploiter l'objet loué sur une durée déterminée pour en retirer un prix prédéterminé[26].
- Enfin, dans le troisième cas, il s'agit du service rendu par le banquier lui permettant légitimement de **récupérer ses charges d'exploitation et ses coûts opératoires**. Il est en effet admis que dans les opérations précédentes – commission sur opérations d'engagement et sur opérations d'ingénierie financière – les frais de gestion et autres coûts opératoires induits par les charges de personnels et les immobilisations (frais liés au fonctionnement du réseau de guichets, frais de dossiers, dépenses d'informatique, traitement de l'information...) soient récupérés par le banquier.

IV. INTÉRÊT ET USURE DANS LES RELIGIONS MONOTHÉISTES

L'Église interdit le prêt d'argent, désigné du nom infâme d'usure. Elle n'est pas la seule. Le prêt d'argent rémunéré a presque toujours provoqué la répulsion. La Politique d'Aristote, l'Ancien et le Nouveau Testament, le Coran, tous condamnent le prêt, quel que soit le taux d'intérêt perçu[27].

---

25. *Dictionnaire Larousse Arabe*, Paris, 1987, p. 1125.
26. *Dictionnaire Larousse Arabe*, Paris, 1987, p. 21.
27. Voir Alain Peyrefitte (1995), *La société de confiance*, éd. Odile Jacob, 556 pages.

A) Le judaïsme

L'Ancien Testament traite largement de la relation à l'argent. Les restrictions sur le prêt à intérêt dans la loi de Moïse sont célèbres. Tout d'abord en matière de prêt à un nécessiteux, le ***Lévitique***, *versets 35 à 37* énonce : « Et si ton frère est devenu pauvre, et que sa main devienne tremblante à côté de toi, tu le soutiendras, étranger ou hôte, afin qu'il vive à côté de toi. **Tu ne prendras de lui ni intérêt ni usure ; et tu craindras ton Dieu**, afin que ton frère vive à côté de toi. Tu ne lui donneras pas ton argent à intérêt, et tu ne lui donneras pas tes vivres à usure[28]. »

Le texte distingue l'intérêt de l'usure. **L'intérêt est la rémunération de l'argent. L'usure est un revenu ou un loyer excessif issus des biens qu'on prête**. L'usure et l'intérêt sont ici **interdits dans une perspective de charité vis-à-vis des personnes indigentes** qu'elles soient juives ou non. Cependant, le ***Deutéronome*** *(chapitre 23, versets 19 et 20)* introduit plus tard une nuance. L'interdiction du prêt à intérêt n'est valable qu'entre Juifs « **Tu n'exigeras de ton frère aucun intérêt ni pour argent, ni pour vivres, ni pour rien de ce qui se prête à intérêt. Tu pourras tirer un intérêt de l'étranger, mais tu n'en tireras point de ton frère**, afin que l'Éternel, ton Dieu, te bénisse dans tout ce que tu entreprendras au pays dont tu vas entrer en possession. »

Dispersés après la destruction du Temple de Jérusalem par Titus en septembre 70, nombreux sont les historiens qui s'accordent à dire que **ce droit d'être usurier des autres a permis aux Juifs de survivre pendant des siècles dans les royaumes musulmans et chrétiens**. Ils auraient ainsi contribué au développement économique de ces derniers. Leur compétence dans les techniques du prêt expliquerait aujourd'hui leur place dans le monde de la finance mondiale contemporaine. En fait cette attitude des Juifs envers l'argent daterait du discours du roi Salomon, lors de l'inauguration du Temple, au Xe siècle avant notre ère lorsqu'il rappelait que « **le peuple Juif ne doit s'enrichir que pour enrichir les autres**[29] ».

---

28. La Bible, *Lévitique*, chapitre 25, versets 35 à 37.
29. Jacques Attali (2002), *Les Juifs, le monde et l'argent*, éd. Fayard.

B) Le christianisme

Dans le christianisme, **l'argent est source de pécher et objet de soupçon**. Dans l'*Évangile de Matthieu, 6, 24* : « **Nul ne peut servir deux maîtres** ; car, ou il haïra l'un et aimera l'autre, ou il s'attachera à l'un et méprisera l'autre : vous ne pouvez servir **Dieu et Mammon**[30]. »

On note une interdiction du prêt à intérêt, pour les religieux (314-315), puis pour les laïcs sous le **pape Léon Ier, pape de 440 à 461. Le pape Innocent II**, avec le second Concile de Latran en **1139,** scelle la **condamnation du prêt à intérêt** et des prêteurs en général. Les personnes qui prêtaient avec intérêt ne sont pas admises aux sacrements. Qualifiées d'usuriers, ces personnes étaient considérées comme des hérétiques[31].

Les pères fondateurs de l'Église ont ainsi le plus souvent condamné le prêt à intérêt. Au XIIIe siècle, le théologien Thomas d'Aquin considère la monnaie comme un simple étalon qui ne génère pas de produits. Il assimile l'intérêt à l'usure.

Cependant en France, vers **1306, le roi Philippe IV, dit Philippe le Bel,** limite **la répression de l'usure aux taux supérieurs à 20 %,** tout en maintenant l'interdiction générale du principe de l'usure. Les juifs pouvaient cependant servir de prêteurs aux chrétiens, en se fondant sur le verset de l'Ancien Testament autorisant le prêt à intérêt pour les juifs sur les emprunteurs « étrangers », c'est-à-dire non juifs.

Puis, en 1446 alors archevêque de Florence, Antonin Pierozzi, va chercher à définir un seuil acceptable pour le taux d'intérêt.

Mais c'est avec la réforme protestante à partir de **1513 et l'apport de Calvin** que les vrais changements interviennent. Selon Calvin, **la loi divine n'interdit pas l'usure et la loi naturelle le permet**[32]. Le calvinisme lié à la place marchande de Genève, puis du méthodisme, développé aux États-Unis par le pasteur John Wesley, préfère se référer à la parole du **Christ : « Seigneur, tu m'as confié**

30. Nom donné à la richesse personnifiée.
31. D'autres professions étaient aussi condamnées, dont notamment celle de comédiens.
32. Peyrefitte A. (1995), *La société de confiance*, éd. Odile Jacob.

cinq talents : voici cinq autres que j'ai gagnés » (*Matthieu 25, 20*). Par le travail, l'homme valorise la matière dont l'argent. Dès lors, **l'enrichissement est la marque de la bénédiction divine**. En revanche, la thésaurisation est illicite. Le profit est légitime et le concept de capitaux risqués est admis. L'économie protestante est basée sur le principe de la confiance. D'ailleurs les sociétés protestantes deviennent rapidement plus riches que les sociétés catholiques. La rémunération de l'argent est légitime au même titre que la rémunération de toute autre activité ou bien loué. La « révolution » protestante est fondée sur un retour aux fondements de l'Ancien Testament non abrogés par le Nouveau Testament[33].

Face à l'affirmation du principe calviniste, l'Église catholique réaffirme, pour quelques siècles encore, son hostilité à l'intérêt. Ainsi en **1745, Benoît XIV** précisait : « On ne peut excuser le péché d'usure sous prétexte que le gain n'est ni important ni excessif, mais plutôt modéré ou modeste ; il ne peut non plus être excusé sous prétexte que l'emprunteur est riche ; ni non plus sous prétexte qu'ainsi l'argent emprunté n'est pas laissé improductif mais dépensé utilement, soit pour accroître sa fortune, soit pour acheter de nouveaux biens, ou pour traiter des affaires. **La règle qui régit le prêt consiste fondamentalement en l'égalité entre ce qui est prêté et rendu ; une fois cette égalité fixée, toute autre condition supplémentaire viole les termes du prêt**[34]. »

Vers 1830, l'Église catholique lève, en principe, l'interdiction du prêt à intérêt mais sous certaines réserves et limites qui doivent faire l'objet d'un texte d'application. Mais le Vatican ne semble pas manifesté d'empressement pour publier ce texte. Ainsi le champ demeure libre aux divers théologiens catholiques pour dessiner les limites du prêt à intérêt dans une société qui se modernise au rythme du libéralisme et du marché.

La doctrine sociale de l'Église catholique a longtemps condamné le marché et la libre concurrence. **Il faudra attendre 1991 pour que**

33. Selon Jacques Attali, « pour un Juif, la pauvreté est intolérable. Pour un Chrétien, c'est la richesse qui l'est ». Jacques Attali (2002), *Les Juifs, le monde et l'argent*, éd. Fayard.
34. Benoît XIV, *Vix Pernevit* (1745).

le pape Jean-Paul II accepte les principes de l'économie de marché.

C) L'islam

La *fatwa* de 2002 de l'Université al-Azhar, évoquée plus haut, assouplissant la notion d'intérêt bancaire est considérée comme un cas isolé dans le monde musulman. Elle a cependant été précédée à la fin du XIX siècle par celle de l'Égyptien Mohamed Abduh (1849-1905), considéré comme l'un des plus grands réformateurs modernistes de l'islam[35]. En 1879, il devient moufti d'Égypte et membre du conseil d'administration d'El-Azhar. Mohamed Abduh autorise le prêt à intérêt sur la base de la distinction **entre *riba* en tant que « usure » et *faïda* signifiant littéralement en arabe « intérêt »**[36]. Il a ainsi promulgué une *fatwa* permettant aux Musulmans de déposer leur argent dans des caisses d'épargne moyennant le versement d'un intérêt. La *fatwa* de 2002 de l'Université El-Azhar renoue avec cet esprit et autorise la rémunération, sous forme d'intérêt fixe et prédéterminé, de l'épargne populaire par une banque. L'essence de cette *fatwa*, comme de celle qui la précède, repose sur la **distinction entre l'intérêt en tant que revenu naturel de marché et l'usure ou *riba* en tant que revenu démesuré et nuisible** pour celui qui y est soumis.

Ces avis ne sont pas partagés par tous les *fuqaha* contemporains. La majorité des musulmans ne se reconnaît d'ailleurs pas dans ces avis considérés comme détournés. Certains *fuqaha* proposent plutôt à ces musulmans d'avoir recours à la location, au lieu de l'achat.

---

35. Voir les travaux de Ralph Stehly, professeur d'Histoire des Religions à l'Université Marc Bloch, Strasbourg, et en particulier ses écrits sur Mohamed Abduh ainsi que ses documents de cours sur http://persocite.francite.com/Orient/ abduh.htm
36. *Dictionnaire Larousse Arabe*, Paris, 1987.

Partie

II

La finance islamique : le fonctionnement d'une finance libre d'intérêt

Les opérations bancaires sont régies en France par l'article L. 311-1 du Code monétaire et financier qui stipule que « les opérations de banque comprennent la réception de fonds du public, les opérations de crédit, ainsi que la mise à la disposition de la clientèle ou la gestion de moyens de paiement ».

On se propose d'examiner comment se situent les opérations financières des banques islamiques par rapport à ce cadre juridique conventionnel. En sont-elles très éloignées ? Comment fonctionnent-elles ?

Chapitre 3

Comment fonctionne la finance islamique ?

La théorie de l'intermédiation financière conventionnelle nous permet de comprendre que dans un monde parfait où tous les individus sont honnêtes, les banques n'ont aucune utilité. Pourquoi ? Parce que dans un monde idéal où la morale et l'éthique domineraient, les individus qui auraient de l'épargne pourraient la prêter en toute quiétude directement sans coût de transaction aux individus qui ont un besoin d'argent[1]. Les premiers auraient l'assurance que les seconds les rembourseraient en temps et en heure. Les seconds ne peuvent se soustraire à leur obligation morale qui consiste à rembourser les premiers conformément à ce qui a été convenu au départ. Une relation contractuelle parfaite assure et garantit une harmonisation des intérêts.

I. LES OPÉRATIONS DE LA FINANCE ISLAMIQUE

Un monde parfait est caractérisé par la complétude des contrats et la symétrie de l'information parmi les individus. L'intérêt de

1. Hayne E. Leland et David H. Pyle (1977), "Informational Asymmetries, Financial Structure, and Financial Intermediation", *The Journal of Finance*, Vol. 32, n° 2, p. 371-387.
George J. Benston et Clifford W. Smith, Jr. (1976), "A Transactions Cost Approach to the Theory of Financial Intermediation", *The Journal of Finance*, Vol. 31, n° 2, p. 215-231.

l'introduction des banques dans ce système économique s'évanouit dans la mesure où les agents sont considérés comme parfaitement informés et honnêtes dans un monde sans frictions.

Dans ces conditions, les épargnants et les investisseurs pourraient développer leur propre service d'intermédiation directe à un coût de transaction nul. Apparaît alors une seule forme d'intermédiation financière, celle qui impliquerait un face-à-face direct entre prêteur et emprunteur. On parle dans ce cas de finance directe.

La finance islamique serait-elle plus proche du schéma théorique de la finance directe dans un monde parfait – tel qu'il est dicté dans le Coran et la *charia* – que de celui la finance conventionnelle indirecte laïque ?

A) Les sources juridiques des produits financiers islamiques

Les opérations de la finance islamique sont régies de manière rigoureuse par le droit musulman qui repose sur le Coran, la *sounna* ou tradition du prophète Mouhamad ainsi que la doctrine juridique ou *fiqh*. Ces trois principales sources jouent un rôle fondamental dans l'élaboration des instruments financiers islamiques, notamment avec la contribution des différentes écoles juridiques sunnites (*cf.* encadré 6). Il existe en fait une multitude d'écoles juridiques dont l'histoire n'a retenu que quelques noms célèbres dont l'imam Abou Hanifa, fondateur de l'école *hanafite* (mort en 767 de l'ère chrétienne), l'imam Malik Ibn Anas, fondateur de l'école *malikite* (mort en 796), l'imam Achafii, fondateur de l'école *Chafiite* (mort en 820) et l'imam Ahmed Ibn Hanbal, fondateur de l'école *hanbalite* (mort en 855). Ces quatre principales écoles ont défini rigoureusement les différentes opérations financières en application aujourd'hui dans les circuits financiers islamiques.

Encadré 6. – Les sources juridiques sunnites du *fiqh* et des produits financiers islamiques

L'école hanafite tire son nom de celui du juriste, théologien et législateur arabo-musulman d'origine persane, Abou Hanifa qui la fonda. Elle se développa en Iraq, autour de l'école de Koufa (Koufa en 696 – Bagdad en 767). Les nombreuses dissensions entre les disciples du maître en font cependant, au point de vue de la cohérence de sa théorie, un rite moins homogène que celui de ses rivaux. Cette école se répandit dans les républiques musulmanes de l'ex-URSS, au Khurâsân, en Afghanistan, en Asie centrale, dans les anciennes Indes anglaises et en Chine. L'empire ottoman en fit son rite juridique, ce qui augmenta d'autant son aire d'influence. Ce rite, comptant le plus grand nombre d'adeptes, est le moins rigide de l'islam. C'est, par exemple, celui qui autorise la consommation du *nabid* (jus de raisin ou de datte légèrement fermenté) que les autres écoles assimilent au vin ou à l'alcool et interdisent donc. L'interprétation hanafite du droit a été mise à contribution dans bon nombre de pays musulmans lors de la rédaction de leurs codes civils modernes.

L'école malikite fut fondée par Malik Ibn Anas (Médine vers 715 – Médine vers 795), juge et professeur, qui s'inspira notoirement pour la constituer du droit coutumier de Médine où il passa toute sa vie. Ce rite est le rite prédominant au Maghreb et ce fut aussi celui de l'Espagne musulmane. Il s'est répandu très tôt en Afrique, par la vallée du Nil. On le retrouve ainsi en Haute Égypte, au Soudan, au Sénégal, au Mali, au Niger, au Togo, au Tchad, au Nigeria… La présence dominante de cette école dans les anciens territoires sous domination française, en a fait pratiquement le rite le mieux connu des islamologues. Les processus d'immigration issus de ces régions n'ont fait qu'accroître cet état de choses.

L'école chafiite fut fondée par Muhammad Idris Al-Chafii (Gaza vers 767 – Le Caire vers 820) et joua un rôle fondamental dans la constitution du droit musulman. C'est lui qui consacra officiellement la validité juridique du Coran. Il est de même tenu pour être celui qui entérina la valeur canonique des six recueils fondamentaux de *hadith*, lesquels constitueront la *sounna*. Cette

…/…

.../...

école fut longtemps dominante dans le Hidjaz et en Syrie. Elle fut aussi le rite des marchands et des navigateurs au long cours. C'est ainsi que cet enseignement les suivit dans leurs périples depuis le golfe arabo-persique, dans les comptoirs de la mer d'Oman, de l'océan Indien, du golfe du Bengale, sur les côtes d'Afrique Orientale, jusqu'en Indonésie et dans les îles de la Sonde. Ce fut aussi le rite de la côte des Somalis et des anciennes Indes françaises. Après le rite hanafite, il est le deuxième en nombre d'adhérents.

L'école hanbalite tire son nom de celui de son fondateur Ahmad Ibn Hanbal (Bagdad en 780 – Bagdad en 855). Ce juriste basait sa doctrine sur le Coran et sur la *sounna*, après une rigoureuse critique des *hadith*. Le rigorisme qui caractérise cette école n'est pas dû à son fondateur. Il est en fait le fruit de l'évolution ultérieure de sa pensée chez ses disciples. Ce rite perdit peu à peu de son influence, notamment en Syrie et en Palestine où il était bien implanté. Il retrouva une grande vigueur dans la péninsule arabique, à la fin du XVIIIe siècle, avec l'apparition du mouvement religieux *wahhabite*, ainsi que dans les Émirats. Le wahhabisme, qui suivait le rite de Ibn Hanbal, devint, on le sait, la théorie officielle de l'État saoudien.

Source : D'après Anne-Claude Dero (2002), *Institutions privées et publiques en droit musulman traditionnel*, Série « Histoire des sciences et de la civilisation arabes ». Les Cahiers du CeDoP, Université Libre de Bruxelles.

Les enseignements de ces écoles, dont l'interdit du prêt avec intérêt ou *riba*, ont été ancrés dans la conscience collective des Musulmans pendant des siècles. Cette vision doctrinale est restée en veille pendant la période coloniale où les systèmes bancaires conventionnels, assortis de l'intérêt, se sont imposés et où l'indigence intellectuelle était à son comble chez les dominés[2]. Les textes fondateurs de cette finance méritent sans soute d'être revisités par les financiers et les praticiens de la finance islamique contemporaine, curieux d'en connaître les fondements. Pour cela, on peut se référer au texte de Nicholas Dylan Ray "The Medieval Islamic System of Credit and Banking : Legal and Historical Considerations" paru en 1997 dans *Arab Law Quarterly*[3]. L'auteur y présente l'origine des instruments financiers et commerciaux islamiques ainsi que les textes fondateurs par école de pensée. On peut également utilement s'appuyer sur les écrits d'orientalistes comme Joseph Schacht[4].

B) Le périmètre de la finance islamique : le *halal* et le *haram*

Le périmètre de la finance islamique est délimité par la *charia* (*cf.* encadré 7). Ses préceptes interdisent de recevoir et de verser un intérêt car le débiteur supporterait seul la totalité du risque associé à un projet d'investissement. La *charia* interdit également les transactions déconnectées de l'économie réelle et menées à des fins purement spéculatives. Toute transaction financière doit donc être adossée à un actif tangible. La *charia* prohibe l'investissement dans des activités non éthiques ou considérées comme *haram*, c'est-à-dire illicites. Il en résulte que la finance islamique vise à servir avant tout les hommes, acteurs d'une économie réelle tangible, à travers des contrats complets avec un partage des risques mesurés.

---

2. Voir *Introduction aux techniques islamiques de financement*, Institut Islamique de Recherches et de Formation, Banque Islamique de Développement, acte de séminaire n° 37, Nouakchott, 5-9 décembre 1992.
3. Nicholas Dylan Ray (1997), "The Medieval Islamic System of Credit and Banking: Legal and Historical Considerations", *Arab Law Quarterly*, Vol. 12, n° 1, p. 43-90.
4. Joseph Schacht (1999), *Introduction au droit musulman*, traduit de l'anglais par Paul Kempf et Abdel Magid Turki, Paris – Maisonneuve et Larose, 256 pages.

Encadré 7. – **Le périmètre de la finance islamique : le *halal* et le *haram***

Le périmètre de la finance islamique est facile à délimiter. Il s'arrête là où commence l'activité illicite dite *haram*.

Le *haram* (illicite)

Est stipulé *haram*, le *riba* (intérêt et/ou usure)[5], mais aussi toutes les activités liées à l'alcool, au porc[6], aux jeux d'argent et de hasard (*maysir*) ainsi que toutes les activités avilissantes et dégradantes pour l'être humain et qui affectent sa dignité. Certains y associent même éventuellement le tabac qu'ils qualifient de *makrouh*[7].

Le *halal* (licite)

Tout ce qui est bon pour l'être humain et l'humanité dans son ensemble. On y trouve le financement des activités tangibles et utiles à la société. Elles relèvent de la sphère réelle de l'économie qui n'appartient pas à la catégorie *haram*. Les véhicules financiers et autres supports de cette activité économique *hallal* sont ceux utilisés habituellement par le circuit économique conventionnel. Les supports sont identiques mais le contenu est différent. On y trouve des actifs financiers et réels utiles, durables et non nuisibles à la société : commerce profitable et équitable, actifs financiers indispensables au financement d'activités réelles productives respectueuses d'un développement durable, constructions d'actifs réels tangibles nécessaires comme les logements…

Une activité *halal* est aussi une activité transparente qui évite toute asymétrie informationnelle source d'opacité. Elle vise la clarté des opérations et la loyauté des actes. Elle doit être garante de l'usage et de la destination des biens et des fonds conformément aux termes précis des contrats écrits[8].

Source : Synthèse de l'auteur.

---

5. *Sourate 2 – El Baqarah (La génisse), versets 276 à 279. Cf.* Chapitre 2.
6. *Sourate 2 – El Baqarah (La génisse), verset 168* : « Certes, Il vous est interdit les animaux morts, le sang, la viande de porc et tout animal sur lequel on aura invoqué un autre nom que celui de Dieu… ». Voir aussi *infra* Chapitre 2 : *Sourate 5 – El Maïdah (La Table), versets 92 et 93*, traduction de Kasimirski, Flammarion, 1970.
7. Ce n'est pas une activité *haram* mais c'est une activité qui reste à éviter dans la mesure du possible. Le point de vue du *fiqh* diffère selon les écoles hanafite, malikite, chafiite, hanbalite.
8. Voir Chapitre 2 : *Sourate 2 – El Baqarah (La génisse), versets 282 et 283.*

Les institutions financières islamiques sont tenues de développer des opérations sur des biens et des services réels. Tout contrat incertain fondé sur la probabilité d'un événement futur n'est généralement pas permis ; on parle de *gharar*. Par exemple, certains produits de couverture et les produits dérivés sont interdits. Naturellement toutes les opérations entreprises à des fins uniquement spéculatives sont interdites.

C) Les principaux instruments financiers issus du *fiqh* : un creuset d'innovations financières

Les principaux instruments financiers islamiques, issus du droit musulman – *fiqh* –, sont très anciens. Ils datent des premières écoles juridiques fondées après la mort du prophète Mouhamad (*cf.* encadré 6). Certaines de ces opérations financières telles que la *moudharaba*, auraient été pratiquées par le Prophète lui-même. Ces instruments constituent des supports simples par essence. Dans la pratique, comme pour tout instrument financier, leur complexité provient de leurs combinaisons pour répondre aux demandes de la clientèle. C'est en cela que les instruments financiers islamiques constituent un creuset d'innovations financières dans les limites fixées par la *charia*[9]. Le rôle des conseils de conformité à la *charia* ou *Shariah Boards* est de ce point de vue incontournable (*cf.* encadré 8).

Encadré 8. – Le rôle du *Shariah Board*

Toute institution financière islamique est dotée d'une structure de gouvernement bicéphale. D'un côté, il y a les structures de direction classiques qui veillent à la gestion quotidienne de la société. De l'autre, il y a une entité spécifique aux institutions financières islamiques, le *Shariah Board*. Cette institution, composée de membres à la fois **compétents pour interpréter la jurisprudence islamique** et avec des **connaissances suffisantes en**

…/…

9. Nous n'évoquerons pas ici les sociétés de "takaful", littéralement société de solidarité dans l'adversité, ou sociétés d'assurance islamique qui constituent un autre domaine de la finance islamique.

.../...

matière de finance et d'ingénierie financière, veille à la conformité aux normes de la *charia* des produits proposés aux clients mais aussi des modalités de fonctionnement de la société elle-même.

Il serait erroné toutefois de considérer que le *Shariah Board* est exclusivement préoccupé par des considérations religieuses, au détriment de tout objectif commercial ou financier. Le *Shariah Board* prend ses décisions en fonction de trois considérations :

→ Est-ce que les termes du contrat financier sont **compatibles avec les principes de la *charia*** ?

→ Est-ce que cet **investissement est optimal pour le client** ?

→ Est-ce que cet **investissement crée de la valeur pour le client mais aussi pour la communauté** ?

Les *Shariah Boards* ne sont en aucune façon des entités passives. Ils peuvent avoir, au contraire, une influence forte sur le développement des institutions financières islamiques qu'ils conseillent.

Comme nous l'avons d'ores et déjà évoqué, les textes sacrés musulmans fournissent uniquement les principes généraux de l'organisation de la vie économique et financière de la société musulmane. Il faut donc transposer ces normes éthiques dans des situations concrètes, parfois inédites. La jurisprudence joue donc un rôle prépondérant dans la finance islamique. Elle explique également, en grande partie, l'hétérogénéité de l'univers des produits islamiques. Certes, l'ensemble des spécialistes en droit musulman s'accordent sur les grands principes fondamentaux, mais de nombreuses divergences existent sur certains points de détail. En effet, les opinions et les interprétations avancées par les **différents *shariah scholars* peuvent différer fortement, empêchant de ce fait l'harmonisation des produits ou des procédures financières islamiques**. Cette diversité d'opinions parmi les *shariah scholars* qui composent ces comités religieux pourrait se révéler **un des plus grands défis à relever par la Finance Islamique**.

Les deux grands centres actuels de la finance islamique – le Golfe Persique et la Malaisie – ont abordé différemment cette situation qui pourrait, à terme, soulever d'importantes difficultés mais qui est porteuse également de grandes opportunités :

- **En Malaisie : création d'un *Shariah Board* central – rattaché à la Banque Centrale** – qui statue sur la conformité des produits financiers – chaque institution peut avoir son propre *Shariah*

.../...

.../...

Board, mais elle doit, en premier lieu, se conformer aux normes édictées par ce *Shariah Board* central.

- **Pays du Golfe : chaque établissement a son propre *Shariah Board*** qui statue sur la conformité des produits qu'il propose. Une certaine homogénéité est toutefois assurée par le fait que la plupart des *shariah scholars* siègent dans plusieurs *Shariah Board* à la fois.

Enfin, en matière de *Shariah Board,* les institutions financières islamiques doivent faire face à un autre problème de taille : **la rareté du capital humain. Il y a moins d'une centaine de *shariah scholars* dans le monde suffisamment formés et compétents pour siéger dans un *Shariah Board*.** Pour contourner cette difficulté, ces spécialistes en droit islamique multiplient les mandats dans différents *Shariah Board*. Cela permet, certes, d'assurer, de manière indirecte, une plus grande homogénéité dans les décisions des différents comités islamiques. Mais cela ne peut être qu'une solution temporaire et, par ailleurs, cela peut engendrer des situations de conflits d'intérêts.

Source : Elyès Jouini et Olivier Pastré (2008), « Enjeux et opportunités du développement de la finance islamique pour la place de Paris : dix propositions pour collecter 100 milliards d'euros », Rapport, Paris-Europlace.

Depuis le 1er décembre 2008, il existe en France un Comité *charia*. Il s'agit d'une initiative privée lancée par l'Acerfi (Audit, conformité, éthique et recherche en finance islamique), qui est la structure de base pour l'élaboration du premier *Shariah Boards* francophone[10]. Ce comité est composé d'enseignants et de chercheurs spécialisés dans la jurisprudence musulmane en matière d'économie[11].

La finance islamique correspond à des techniques de financement qui se fondent sur la participation et le crédit donnant droit à un profit réel et non à un intérêt. D'un point de vue théorique, il n'y a

10. http://www.acerfi.org/
11. Soraya Haquani (2008), « Le premier comité "charia" de France », *L'AGEFI Hebdo,* 11 décembre 2008.

pas de transfert total du risque d'un agent vers un autre comme dans la finance conventionnelle. Le risque n'est pas unilatéral. Au contraire, le risque demeure partagé tout le long du processus de financement. La banque islamique ne prête pas, mais finance des projets, avec un système de partage de risque, et de rémunération, selon différentes formules. Cette ingénierie financière islamique repose principalement sur deux familles d'instruments de base : les instruments de participation à revenu variable et les instruments de financement[12].

1) *Les instruments de participation à revenu variable : le partage des bénéfices et des pertes*

Moucharaka : participation du banquier comme partenaire associé

Le mot *moucharaka* vient du mot arabe *chirka* ou *charika* qui signifie association ou société. Il s'agit d'un **contrat de prise de participation** ou de ***joint-venture*** de deux ou plusieurs parties dans le capital et la gestion d'une même affaire. Ce contrat implique **plusieurs apporteurs de fonds. L'entrepreneur fait également un apport en capital** (*cf.* graphique 5).

Pour simplifier, on peut dire que **la banque et son client œuvrent ensemble dans le cadre d'un projet**. Il s'agit d'un **partenariat avec partage des pertes et des profits avec le client**. **Le droit de propriété est proportionnel à la contribution de chaque partie**. La banque fournit le fonds de roulement.

Les titres de participations vendues aux investisseurs fournissent le financement. La *moucharaka* est également utilisée par les banques islamiques pour l'achat de biens immobiliers.

---

12. En matière de finance islamique, les références anglo-saxonnes sont très nombreuses. Pour une définition approfondie des instruments financiers islamiques en langue française, l'auteur recommande la lecture de *Introduction aux techniques islamiques de financement*, Institut Islamique de Recherches et de Formation, Banque Islamique de Développement, acte de séminaire n° 37, Nouakchott, 5-9 décembre 1992.

Graphique 5. – **Le contrat *moucharaka***

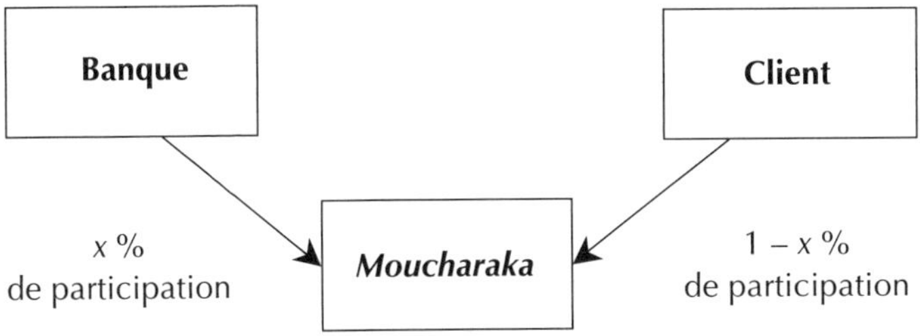

Le client comme la banque participent au capital de l'entreprise. **Ils partagent les bénéfices selon des parts convenues à l'avance** et qui peuvent être différentes de la part de capital à laquelle ils ont contribué. **Les pertes sont supportées au prorata de la contribution de chacun au capital.**

Moudharaba : participation du banquier comme financier

La *moudharaba*, littéralement prise de risque en arabe, est un contrat d'association dit de fiducie[13] entre le financier (*rab-el-mal*) et le travailleur (*moudharib*). Le mot *moudharaba* a été introduit par les écoles de jurisprudence *Hanafi* et *Hanbali*.

La banque finance la totalité d'un projet, comme « partenaire financier silencieux »[14] **ou « bailleur de fonds »** (*cf.* graphique 6). Historiquement, la *moudharaba* est un contrat qui scelle la rencontre entre deux acteurs détenant des biens complémentaires : l'un le travail, l'autre l'argent.

La banque finance le projet mais la gestion de l'affaire est **entre les mains du « travailleur »**. Il s'agit en général d'**entreprises** de petite taille qui **apportent le « know-how ».** Les actifs acquis grâce au

13. Transfert de propriété soumis à des conditions d'usage ou de durée.
14. Isam Elzein Elmahi (2008), « La Banque islamique au Soudan », *Techniques financières et développement*, n° 90.

capital avancé demeurent la propriété du « financeur »[15]. **Les profits nets sont partagés entre les deux parties**. En général, la part de la banque varie entre 40 % et 55 % du total des profits[16]. En effet, les bénéfices obtenus sont partagés entre les deux parties prenantes selon une répartition convenue à l'avance une fois que **l'investisseur a recouvré son capital** et que les frais de gestion de l'entrepreneur ont été réglés[17].

La *moudharaba* peut, par exemple, être utilisée dans le commerce. Le capital est d'abord transformé en marchandises qui sont ensuite revendues. Le capital retrouve ainsi à nouveau sa forme liquide. **Le bénéfice, s'il y en a, est alors réparti comme convenu au départ**.

Reposant sur le partage des bénéfices, le contrat *moudharaba* est donc effectué entre l'entrepreneur-travailleur et la banque qui peut être aussi commanditée par des clients qui lui confient leurs fonds. La banque agit alors en tant que partenaire qui investit des dépôts dans une activité permettant à chacun de recevoir une part convenue des bénéfices de l'opération.

La banque islamique accepte ainsi de **gérer les fonds des clients en échange d'une part des bénéfices tirés de l'investissement des fonds**.

Les placements *moudharaba* peuvent être effectués à des conditions fixes et par l'intermédiaire d'instruments négociables (certificats *moudharaba*) qui ont des caractéristiques similaires à celles des actions.

---

15. Boualem Bendjilali (1998), *Les sciences de la chari'a pour les économistes, les sources du Fiqh, ses principes et ses théories*. Jeddah, Institut Islamique de Recherche et de Formation. Banque Islamique de Développement, Acte séminaire n° 44.
16. *Ibid.*
17. Elyès Jouini et Olivier Pastré (2008), *op. cit.*

Graphique 6. – **Le contrat *moudharaba***

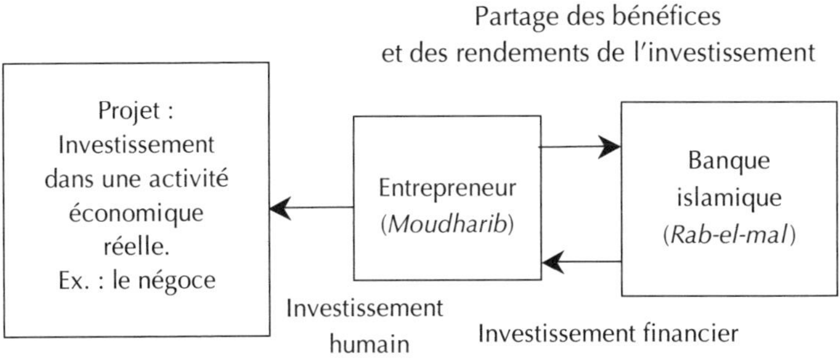

Il existe une *moudharaba* à deux volets ("moudharaba two tiers"). Elle permet aux banques islamiques de jouer le rôle d'intermédiaire financier proche de celui des banques conventionnelles. La banque est simultanément investisseur et entrepreneur d'un projet. Du côté de son passif, en tant que *moudharib*, elle gère des dépôts qui lui sont confiés par ses clients. Du côté de l'actif, elle alloue les fonds ainsi collectés à d'autres investisseurs[18].

Les obligations du contrat *moudharaba* pour les différentes parties respectent les principes suivants :

- La banque fournit au client *moudharib)* le montant de l'investissement nécessaire au financement d'un projet. Elle **exerce un contrôle et un suivi du projet.** Ce contrôle peut sans doute alourdir les frais de gestion. Le *moudharib* ne participe pas à l'investissement. Il contribue au management du projet dont il est responsable.
- Les profits obtenus sont répartis entre la banque et le *moudharib* suivant des proportions déterminées d'un commun accord à l'avance. Cependant **si le projet subit une perte, la banque supporte toutes les pertes à moins qu'elles ne résultent d'une négligence ou d'une faute de la part du *moudharib*.** En d'autres termes, la banque perd les fonds engagés dans l'opération, tandis que l'entrepreneur perd le fruit de son labeur et le temps engagé dans son activité.

18. *Ibid.*

2) *Les instruments de financement*

Qard al-hassan : financement bancaire gracieux

Il existe des **prêts gracieux** – ***Qard al-hassan*** – qui sont des contrats de prêt sans intérêts généralement adossé à une garantie. Il s'agit de prêts de bienveillance, accordés par la banque à ses **clients en situation de précarité**. Ces prêts, qui servent aussi à faire face à des circonstances particulières (décès, mariage, éducation d'enfants, études...), sont encouragés dans le Coran[19].

Mourabaha : financement bancaire avec bénéfice

Le mot *mourabaha* vient du mot arabe *ribh* signifiant gain ou bénéfice. Il s'agit d'un contrat d'achat et de revente avec une marge bénéficiaire convenue à l'avance. C'est l'instrument le plus utilisé dans les financements islamiques. Il représente 70 % du total des financements[20].

La banque achète à un fournisseur un bien corporel à la demande de son client. Le bien est revendu au client à un prix égal au coût d'achat plus une marge (*ribh*). Le remboursement peut s'effectuer en une fois ou selon un échéancier fixé lors de la conclusion du contrat. **La banque doit détenir l'actif avant la revente sinon on considère qu'il y a perception d'intérêt**. Deux contrats sont signés : achat et vente (*cf.* graphique 7 et tableau 3).

La banque finance entièrement le client avec un **coût majoré établi d'un commun accord avec négociation** (*mousawama*). Pour la banque, c'est une vente de marchandises qu'elle détient avec l'objectif de réaliser un bénéfice. Cela peut correspondre à un contrat au terme duquel une banque achète des marchandises à la demande d'un client. Le paiement différé par le client couvre le coût majoré d'une marge bénéficiaire convenue au profit de la banque.

---

19. « Quiconque fait à Dieu un prêt sincère, Dieu le lui multiplie, et il aura une généreuse récompense. » *Sourate 57 – El Hadid (Le Fer), verset 11.*
20. Mabid Ali Al-Jahri et Munawar Iqbal (2001), *Banques islamiques : réponses à des questions fréquemment posées*, Institut Islamique de Recherches et de Formation, Banque Islamique de Développement, document périodique n° 4.

La banque gère le paiement des fournisseurs ainsi que les autres dépenses liées à la livraison. Cet instrument est utilisé dans le financement des entreprises et le financement de la consommation.

Selon Elyès Jouini et Olivier Pastré (2008), les banques islamiques utilisent le contrat *mourabaha* pour placer leur trésorerie dans des instruments liquides à court terme, équivalents islamiques des créances interbancaires[21].

Graphique 7. – **Le contrat *mourabaha***

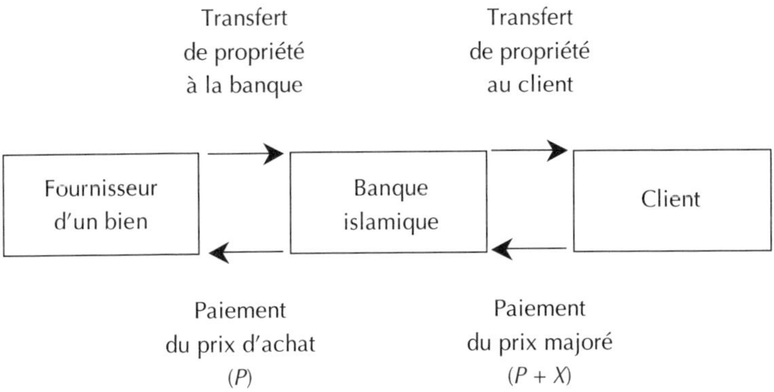

Quelles sont les obligations du contrat *mourabaha* pour les différentes parties ?

- la banque achète le bien à un fournisseur au prix d'achat ;
- le client achète ensuite le bien à la banque à un prix majoré **avec paiement différé** correspondant à la durée du financement ;
- la propriété du bien est ensuite transférée au client au moment de l'achat.

21. *Op. cit.*

Tableau 3. – **Comparaison des financements par *mourabaha* et crédit à intérêt**

	Crédit à intérêt	***Mourabaha***
Relation clients-banque	Relation débiteur-créancier	Relation débiteur-créancier
But de l'opération	Peu importe l'objet	Élément important
Objet de la relation clients-banque	Crédit d'argent liquide pour la plupart des cas sauf quelques financements à destination connue	Existence d'un équipement ou d'une marchandise en possession de la banque
Rendement de la banque	Intérêt fixé en fonction du montant et de sa durée	Marge fixée en commun (*moussawama*). La conjoncture est prise en compte dans la fixation de cette marge
Retard ou non-paiement à terme échu	Des intérêts de retard s'ajoutent à la dette	Deux cas de non-paiement : – cas de force majeure (déconfiture, faillite). Il faut accorder un délai au débiteur qui se trouve dans la gêne ; – mauvaise volonté. La banque mettra tout en œuvre pour faire respecter ses droits
Garanties	Élément fondamental	Garanties exigées en fonction de la capacité du client. La moralité du client est déterminante

Source : Mabid Ali Al-Jahri et Munawar Iqbal, *Banques islamiques : réponses à des questions fréquemment posées*, Institut Islamique de Recherches et de Formation, Banque Islamique de Développement, document périodique n° 4, 2001.

Assalam et _istisnaa_ : financement bancaire avant livraison ou production

Le contrat *assalam* (arabe du Hidjaz) est parfois désigné par le terme *assalaf* (arabe d'Iraq) ; il s'agit d'un contrat de vente **avec livraison différée** des marchandises, contrairement à la *mourabaha*.

Il est habituellement utilisé pour le financement des moyens de production dans l'agriculture et dans les activités liées aux matières premières. La banque effectue le paiement complet au comptant d'une **livraison future** d'une quantité spécifique de marchandises à une date donnée. Il est comparable à un **contrat à terme** dans lequel la livraison est différée alors que le paiement est au comptant (*cf.* graphique 8)[22].

Graphique 8. – **Le contrat *assalam***

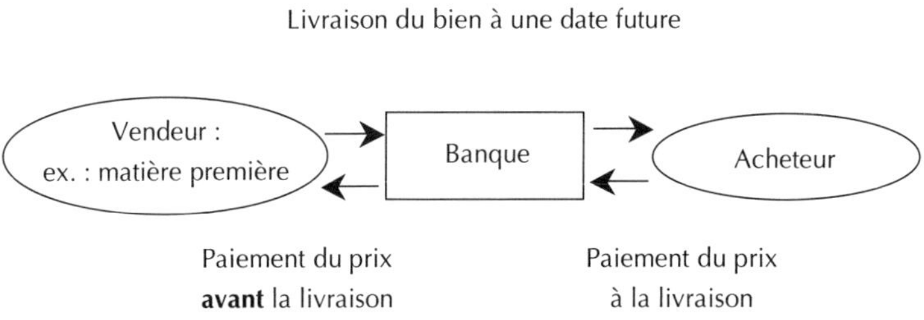

Le cycle du contrat *assalam* comprend donc trois stades :

❶ le financement par la banque du vendeur des produits agricoles ou des matières premières ;

❷ la livraison à la banque par le vendeur des produits agricoles ou des matières premières ;

22. Les contrats à terme sont autorisés dans la limite des précautions contractuelles prévues dans le *hadith* du prophète Mouhamad rapporté par Al Boukhari et Mouslim : « Le prophète est arrivé à Médine à un moment où les gens achetaient des fruits sur une et deux années à l'avance, il a dit alors : celui qui achète un bien qui lui sera livré ultérieurement qu'il le fasse en une mesure connue, un poids connu et à une échéance connue. »

❸ la vente des produits agricoles ou des matières premières par le banquier à l'acheteur.

Le contrat ***istisnaa***, est littéralement la commande d'une fabrication. Il lie le *moustasnii* (investisseur) et le *sanii* (entrepreneur-fabricant) pour la réalisation d'un bien moyennant une rémunération payable d'avance. Les deux parties se mettent d'accord sur le prix et le **délai de livraison**. Il s'apparente au contrat ***assalam*** sauf que l'objet du contrat porte sur des produits finis ayant subi un processus de transformation. Ex. : infrastructures gazières, électriques et pétrolières. Il complète la gamme des instruments de financement avant livraison et de crédit-bail utilisés pour le financement de projets à long terme.

Ijara : financement bancaire par crédit-bail

Le contrat *ijara*, du mot arabe *oujra*, loyer, est un contrat de leasing ou de crédit-bail par lequel une banque acquiert un bien nécessaire à la réalisation d'un projet et le loue à une entreprise pour un montant et une échéance déterminés. Le propriétaire du bien, c'est-à-dire la banque, supporte tous les risques liés à la propriété. La durée de location varie selon la nature de l'objet et les besoins du client. À la fin du contrat la banque doit récupérer le bien afin de le mettre à la disposition d'un autre client. Le contrat *ijara* peut conduire cependant au *tamlik* (propriété). Dans ce dernier cas, le locataire peut acquérir la propriété du bien par amortissements. Le bien peut donc être vendu à un prix négociable, ce qui entraîne la vente du contrat *ijara* (*cf.* graphique 9).

Graphique 9. – **Le contrat *ijara***

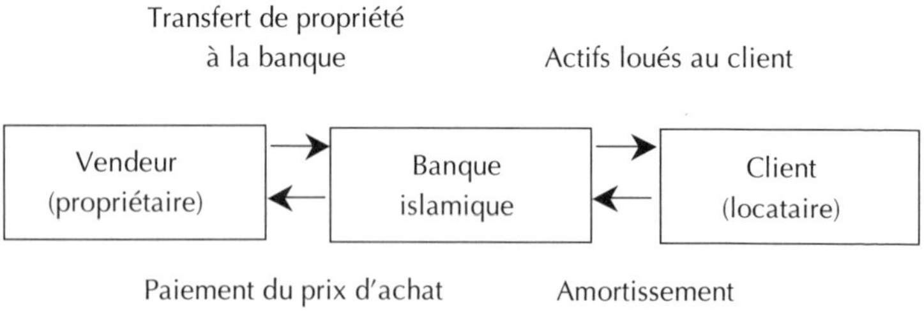

Le contrat *ijara* se déroule de la manière suivante :

- la banque achète le bien à un vendeur, puis le loue à un client ;
- les loyers périodiques sont recouvrés par la banque ;
- la propriété passe au client à la fin du contrat.

Environ 70 % des financements dans les banques islamiques se font selon le contrat *mourabaha* qui semble correspondre à une activité plus lucrative et moins risquée que les financements participatifs[23].

3) *Le bilan et le compte de résultat d'une banque islamique*

La banque islamique remplit les fonctions d'une banque conventionnelle mais en étant en conformité avec la *charia*.

Les créances sous forme de *mourabaha, istisnaa, ijara et assalam* sont inscrites à l'actif des banques islamiques. (*cf.* tableaux 4 et 5). Leur passif, c'est-à-dire leurs ressources, est constitué des dépôts auxquels s'ajoute un fonds *zakat*[24], alimenté par des redevances payées par les actionnaires, les déposants et les emprunteurs de la banque. Les dépôts sont les dépôts courants et les dépôts d'investissement (*moudharaba* et *moucharaka*). Chaque type de compte est affecté à une catégorie différente de financement. Le compte d'investissement est par exemple affecté au financement de projets productifs à long terme.

---

23. Mabid Ali Al-Jahri et Munawar Iqbal, *Banques islamiques : réponses à des questions fréquemment posées*, Institut Islamique de Recherches et de Formation, Banque Islamique de Développement, document périodique n° 4, 2001.

24. Selon le Coran, *Sourate 9 – El Tawba (Le repentir), verset 60* : « Les aumônes *(zakat)* sont destinées : aux pauvres et aux nécessiteux, à ceux qui sont chargés de les recueillir et de les répartir, à ceux dont les cœurs sont à rallier, au rachat des captifs, à ceux qui sont chargés de dettes, à la lutte dans le chemin de Dieu et au voyageur. Tel est l'ordre de Dieu. Dieu sait et il est juste. » La *zakat el-mal* doit être payée avec les biens acquis (*nissab*). À l'origine, elle porte sur l'or, l'argent, les produits agricoles (grains, fruits, légumes…) et le bétail (chameaux, bovins, ovins…) possédés pendant une année. Aujourd'hui, pour un ménage, la *zakat* correspond à 2,5 % du montant du patrimoine (épargne bancaire, placements…) possédés de manière invariable pendant une année et qui dépasse le *nissab* fixé à la valeur monétaire de 85 g d'or.

Tableau 4. – **Bilan simplifié d'une banque islamique**

Actif	Passif
Trésorerie et opérations interbancaires • Liquidités et réserves auprès de la Banque centrale, banques et établissements financiers, *mourabaha* de court terme interbancaire. **Financements d'actifs** • Financements de type *mourabaha*. • Financements de type *istisnaa*. • *Ijara*. • *Assalam*. • Autres financements d'actifs. **Investissements** • *Sukuks* acquis. **Participations** • Participation dans des investissements *moudharaba*. • Participation dans des investissements *moucharaka*. • Participations dans les filiales. **Immobilisations** • Propriétés. • Équipements. **Autres actifs**	**Trésorerie et opérations interbancaires** • Banques et établissements financiers, *mourabaha* de court terme interbancaire. **Dépôts** • Comptes courants : dépôts sans intérêt. *Capital garanti.* • *Mourabaha* de court terme, interbancaire et à la clientèle. • *Mourabaha* syndiquée de long terme. • Dépôts d'investissement de partage du profit et de la perte *moudharaba* et *moucharaka*. *Capital non garanti.* • Réserve de péréquation (*Profit Equalization Reserves*). • *Sukuks* émis. **Autres passifs** • Fonds *zakat* : alimenté par l'aumône légale perçue auprès des actionnaires, des déposants et des employés. **Fonds propres**

Sources : Adapté des bilans et comptes de résultats d'Al Rajhi Bank (Arabie saoudite), de Tadhamon Islamic Bank (Yémen), Anouar Hassoune, « Quels marchés pour la finance islamique ? », Moody's, ESA Beyrouth, février 2008, et André Martens, « La finance islamique : fondements, théorie et réalité », *Cahier de recherche* – 2001, n° 20, Département de sciences économiques, Université de Montréal, 2001, 27 pages.

Tableau 5. – **Compte de résultat simplifié d'une banque islamique**

Produits opérationnels

(–)

Charges opérationnelles

(–)

Distribution aux dépôts d'investissement de partage du profit et de la perte

=

Revenu net des investissements

(+)

Commissions perçues sur services bancaires

(+)

Autres revenus opératoires

=

Revenus opératoires totaux ou **produit net bancaire**

(–)

Charges salariales

(–)

Location, dommages, dépréciations, amortissement

(–)

Autres dépenses administratives et rémunération du comité directeur

=

Résultats nets

Sources : D'après l'auteur. Synthèse des bilans et comptes de résultats d'Al Rajhi Bank (Arabie saoudite), de Tadhamon Islamic Bank (Yémen).

II. LA FINANCE ISLAMIQUE : UNE INTERMÉDIATION FINANCIÈRE LIBRE D'INTÉRÊT

On définira un intermédiaire financier libre d'intérêt (IFLI) comme un intermédiaire financier qui se conforme aux préceptes de la *charia* et dont l'activité exclut de son champ la perception et la distribution d'intérêts. Il n'en demeure pas moins que cette finance libre d'intérêt (FLI) exerce pleinement son rôle d'intermédiaire financier. En effet, il collecte des ressources auprès des agents économiques ayant un excédent de trésorerie et distribue ou crée des disponibilités financières aux agents ayant des besoins de financement sans risque unilatéral et exerçant dans des activités *halal*. Selon Elyès Jouini et Olivier Pastré (2008), la finance islamique présente donc des similitudes avec la finance conventionnelle mais aussi des différences que l'on présentera succinctement dans ce qui suit[25].

A) Les principes de l'intermédiation bancaire conventionnelle

Le banquier conventionnel est avant tout un producteur d'informations car l'intermédiation qu'il déploie, entre prêteur et emprunteur, constitue une réponse naturelle à l'asymétrie d'information que subit la partie la moins bien informée. Le banquier en tant que producteur d'informations dispose d'un avantage. Il va intervenir pour résoudre les conflits d'intérêts qui existent entre les prêteurs (*outsiders*) et les emprunteurs (*insiders*).

Dans la finance conventionnelle, on part donc de l'hypothèse que le monde est imparfait car il se caractérise par une asymétrie d'information particulièrement importante[26]. Dans ce face-à-face direct, les emprunteurs savent à l'avance s'ils sont honnêtes ou pas, chose que le prêteur ne sait pas. Le seul souhait du prêteur consiste à connaître les vraies intentions de l'emprunteur. Les économistes parlent d'aléa moral qui empêche le transfert direct de l'information de l'emprunteur vers le prêteur.

---

25. *Op. cit.*
26. Voir Hayne E. Leland et David H. Pyle (1977), "Informational Asymmetries, Financial Structure, and Financial Intermediation", *The Journal of Finance*, Vol. 32, n° 2, p. 371-387.

1) *La banque conventionnelle réduit les coûts de transaction*

Les coûts de la finance conventionnelle sont des « coûts de transaction » impliqués par les risques du face-à-face direct sur le marché.

Dans la finance conventionnelle, la banque produit des services financiers que les agents économiques trouveraient coûteux à produire eux-mêmes. Elle permet ainsi de faire économiser des coûts aux individus qui veulent faire fructifier leur épargne en se chargeant de la prêter directement à d'autres individus qu'ils ne connaissent pas.

Ce coût concerne la **recherche** de l'information et la **vérification** des opérations. Ces coûts sont donc liés aux asymétries d'information parce que le prêteur ne connaît pas l'emprunteur de manière directe et transparente. Le prêteur doit essayer de révéler les vraies intentions de l'emprunteur. Les banques fournissent ainsi des services d'information sur l'emprunteur. Ces services seraient onéreux si les épargnants devaient les fournir eux-mêmes. Il serait contraignant et coûteux que le prêteur évalue lui-même la solvabilité de l'emprunteur en suivant les notations publiées par les agences de rating, ou encore en faisant un audit à l'aide d'outils tels que le *credit scoring*. Les banques réduisent ainsi le coût du financement par rapport à celui qui aurait dû prévaloir si les prêteurs intervenaient directement auprès des emprunteurs[27]. L'emprunteur peut en effet être tenté d'adopter un comportement imprévisible de tromperie après la signature du contrat. C'est donc une forme d'opportunisme ou de triche.

2) *La banque conventionnelle transforme les échéances et prend beaucoup de risques*

Tout l'art du banquier conventionnel est d'être constamment « sur le fil du rasoir ». Cela consiste à structurer son portefeuille en respectant principalement deux contraintes. D'abord, le rendement des éléments de l'actif du bilan (revenus des prêts) doit au moins égaliser les coûts des éléments du passif (coût des emprunts).

---

27. Voir Michael C. Jensen et William H. Meckling, (1976), "Theory of the firm: managerial behaviour, agency costs and ownership structure", *Journal of Financial Economics*, n° 3, p. 305-360.

Ensuite, les fonds confiés par les déposants à court terme et prêtés sous forme de crédits à terme plus long doivent être récupérables[28]. La banque doit en effet, à tout moment, pouvoir faire face aux besoins des déposants. La célèbre contribution de 1983 de Douglas Diamond et Philip Dybvig sur la panique bancaire, qui est d'ailleurs d'une grande actualité, considère que les banques constituent la meilleure réponse à des choix individuels de consommation[29]. Le modèle qu'ils suggèrent présente le rôle économique joué par la transformation des crédits en dépôts. L'idée est que les dépôts non assurés fournissent certes de la liquidité à la banque mais la soumettent à un **risque de retrait** inopiné source de **panique bancaire.** Cette situation peut de se traduire par la dégradation de la qualité des actifs bancaires, ce qui met en péril la solvabilité des banques et conduit à des **plans de sauvetage à grande échelle**.

La banque risque alors de ne pas pouvoir rembourser les déposants qui veulent retirer leur argent. La solution est que l'État agisse en **prêteur en dernier ressort (PDR)**, c'est-à-dire prête aux banques en manque de liquidité. Il y a donc un avantage à ce que l'État intervienne sur le marché bancaire en tant que PDR et en tant que régulateur.

3) *La banque conventionnelle est le moteur de la croissance économique*

Le banquier est l'acteur de la croissance économique et la banque en est le moteur. C'est ainsi que l'on pourrait résumer le point de vue de Joseph Schumpeter[30]. Cette approche stipule que les activités innovatrices se développent avec l'intervention des banques qui fournissent à l'entrepreneur les moyens financiers nécessaires. En règle générale, l'homme d'affaires emprunte

---

28. On parle de transformation d'échéances.
29. Douglas W. Diamond et Philip H. Dybvig (1983), "Bank Runs, Deposit Insurance, and Liquidity", *The Journal of Political Economy*, Vol. 91, n° 3, p. 401-419.
30. Joseph Schumpeter (1911, traduction de 1961), *The theory of economic development: an inquiry into profits, capital, credit, interest, and the business cycle,* traduit de l'allemand par Redvers Opie, Cambridge, Mass. Harvard University Press.

d'abord et dépose ensuite. Le **crédit bancaire** joue un rôle essentiel. Il contribue à la mobilisation du capital au service des entrepreneurs. Il rend le capital plus efficace car il permet un **accroissement du produit réel**.

Schumpeter constate que l'essentiel de ce que l'on appelle communément « banques » correspond à des institutions qui assurent du financement par crédit en créant des moyens de paiement *ad hoc* qualifiés par l'auteur de « crédit anormal ». Il s'agit de la création d'un **pouvoir d'achat ex *nihilo* précédant la création de biens**. C'est dans cet esprit que le crédit crée une monnaie nouvelle permettant à la **dépense** d'être le **moteur de l'économie**. Les banques prennent alors des risques. Selon Michel Aglietta, elles sont indispensables « parce qu'elles sont les seules à pouvoir arracher les paris sur l'avenir au **carcan de l'épargne disponible**[31] ».

B) Les principes de l'intermédiation bancaire islamique libre d'intérêt

La finance islamique serait-elle plus proche du modèle de la **finance directe**, sans coût de transaction, dans un monde parfait tel qu'il est dicté dans le Coran et la *charia* que du modèle de la **finance intermédiée** conventionnelle laïque dont les coûts d'intermédiation sont élevés ?

L'intermédiation financière conventionnelle est neutre par rapport aux valeurs éthiques. La **finance islamique est au contraire chargée de ces valeurs** que l'islam lui insuffle. Outre sa dimension *halal,* l'intermédiation financière islamique repose sur le **consentement mutuel**, le **devoir d'équité** et de **justice** ainsi que sur la **bienveillance**. Par construction, elle évacue un certain nombre de coûts de friction propres à la finance conventionnelle. Ces coûts alourdissent le coût d'intermédiation, ceux évoqués par la littérature conventionnelle des années 1970[32].

31. Michel Aglietta (1998), *Macroéconomie financière,* La Découverte.
32. George Benston et Clifford Smith (1979) affirment : "The "raison d'être" for this industry is the existence of transaction costs".

1) *Le rôle de l'intermédiaire financier libre d'intérêt (IFLI)*

La finance islamique ou finance libre d'intérêt (FLI) est une intermédiation financière qui diffère de l'intermédiation financière conventionnelle par l'interdiction de l'intérêt. La FLI est donc une forme d'intermédiation financière à part entière. Dans leur article de 1994 sur la gestion monétaire dans une économie islamique, Mohsin Khan et Abbas Mirakhor, deux économistes du Fonds monétaire international, distinguent le *"interest-based system"* du *"non interest-based system"*[33]. Les auteurs précisent que tous les outils conventionnels normalement disponibles dans une économie moderne peuvent être utilisés par les autorités monétaires islamiques à l'exception de ceux impliquant l'utilisation de l'intérêt.

Ce point de vue rejoint celui de Mohammad Uzair exprimé dans son travail de 1978 sur le rôle de la Banque centrale dans une économie sans intérêt[34]. L'auteur indique que les banques islamiques sans pratiquer l'intérêt et afin de ne pas étouffer l'économie peuvent **admettre la création monétaire dans des proportions fixées par la Banque Centrale Islamique (BCI)**. On retrouve ici un point de vue proche de celui de Joseph Schumpeter pour les banques conventionnelles. La banque islamique ne se contente donc pas seulement de mobiliser des ressources déjà existantes, elle peut faire plus que cela. Elle peut contribuer effectivement à la **création « d'un pouvoir d'achat » avant la création d'un bien, mais dans des limites fixées à l'avance par la BCI et du *Shariah Board*.**

C'est déjà le cas dans les contrats *Assalam* mais sur la base d'une **épargne préexistante**. L'entrepreneur se saisit de ce pouvoir d'achat afin d'investir et trouver sa place dans le circuit économique. L'entrepreneur n'est donc pas le détenteur d'un capital perçu comme une donnée indépendante de la banque ; au contraire,

---

33. Mohsin Khan et Abbas Mirakhor (1994), "Monetary Management in an Islamic Economy", *Journal of King Abdulaziz University, Islamic Economics*.
34. Mohammad Uzair (1978), "Central Banking Operations in an Interest-free Banking System", *in Monetary and Fiscal Economics of Islam,* edited by Mohammad Ariff, International Center for Research in Islamic Economics, King Abdulaziz University, Jeddah.

l'entrepreneur est partenaire de la banque. Il a besoin du crédit créé *ex ante*.

Le « capital » et « l'entreprise » sont des entités séparées dans un système intégrant l'intérêt alors qu'elles ne le sont pas dans un système libre d'intérêt. Dans ce dernier modèle, l'entrepreneur s'appuie sur la banque en tant qu'intermédiaire qui mobilise des moyens et qui organise la production. C'est ce type de crédit bancaire qui est indispensable pour financer l'innovation.

Ainsi, la croissance peut être engendrée grâce à l'intervention de la banque islamique partenaire dans un **environnement économique libre d'intérêt**. Mohammad Uzair précise cependant que **cette création monétaire doit être limitée et contrôlée par la BCI** pour la **stabilité du système financier islamique** et afin d'éviter les effets de levier inconsidérés.

2) ***L'intermédiaire financier libre d'intérêt (IFLI) est-il plus stabilisateur de l'économie réelle*** **?**

La finance islamique est souvent réduite à l'interdiction du *riba* largement traitée dans les exégèses. Or on oublie que cette finance s'appuie aussi sur un principe d'intermédiation financière original encore peu analysé. Ce principe est fondé sur une forme de *"Win-Win"*. Il s'agit d'un jeu gagnant pour tous. Il exclut toute idée de rationnement du crédit à l'entreprise puisque **le banquier islamique participe, accompagne, finance, conseille, oriente, suit et partage les gains et les pertes avec l'entreprise**.

Si l'intérêt est interdit c'est parce qu'il est injuste. Il correspond à une **rémunération garantie du prêteur indépendamment des résultats réels de l'économie**. Ce qui n'est pas admis est que les risques soient totalement assumés par l'emprunteur. L'IFLI au contraire tend vers un optimum social. Toutes proportions gardées, l'IFLI est plus proche du modèle allemand, celui de la « hausbank » en liaison étroite avec les PME, ou encore du modèle japonais celui des « zaibatsu » basé sur les participations croisées. L'IFLI, cette forme de capital-risque, repose sur le principe que **le banquier islamique est avant tout le partenaire de l'entreprise**. Leurs vues sont communes : la **création et** le **partage de la valeur**. Rappelons que cette fusion d'objectifs entre le banquier islamique et l'entreprise se fonde sur une éthique inspirée de l'islam ; celle d'une **répartition équitable**. Cette philosophie qui anime l'IFLI conduit, dans l'absolu, à une **symétrie d'information** et à une **parfaite transparence des actes** entre la banque islamique et ses clients.

L'importance de l'IFLI réside dans sa capacité à proposer un système de financement alternatif libéré du *riba*. L'alternative au financement basé sur l'intérêt serait donc le **financement participatif** fondé sur le **partage des opportunités de profit et des risques de perte**[35]. Ainsi avec l'IFLI résultant de la finance islamique, la théorie de l'intermédiation financière conventionnelle se trouve enrichie. En effet, si l'IFLI existe c'est parce que, dès le départ, tous les partenaires (banquiers et clients) ont convenu d'un commun accord de tout partager, l'information mais aussi les gains et les pertes. Il y a donc **une transparence et une symétrie de l'information dès la signature des contrats.** On parlera de complétude des contrats *ex ante* et *ex post*, c'est-à-dire avant et après la signature du contrat. Les individus-partenaires (banquier et entrepreneur) sont parfaitement informés du projet, de ses évolutions et de ses résultats. Or selon la théorie conventionnelle, si les banques conventionnelles existent c'est pour réduire *ex ante* et *ex post* l'asymétrie d'information entre elles et leurs clients et pour ajuster au fur et à mesure les termes du contrat qui, à l'origine, sont incomplets. Il en résulte que, dans le premier cas, celui de l'IFLI, les coûts de transaction liés à la recherche de l'information seraient faibles, voire nuls. Les coûts de la finance conventionnelle sont au contraire élevés. Ainsi, dans l'IFLI, la maîtrise des coûts opératoires (coûts de transaction, charges liées aux contentieux...) couplée à la performance des projets financés constituent sans doute les principales explications de sa meilleure performance par rapport aux banques conventionnelles.

Au plan macroéconomique, l'IFLI, affranchi de l'intérêt sur les prêts, semble réaliser ainsi une parfaite synchronisation de la

35. Ridha Saadallah, « Le financement islamique : concept et principes généraux », *in Introduction aux techniques islamiques de financement*, Institut Islamique de Recherches et de Formation, Banque Islamique de Développement, acte de séminaire n° 37, Nouakchott 5-9 décembre 1992.

sphère réelle et de la sphère monétaire. Ridha Saadallah[36], dans son article de 1992, précise : « L'importance de ce résultat est davantage mise en évidence lorsqu'on constate le rôle fondamentalement déstabilisateur que jette l'institution du prêt à intérêt dans les économies avancées en alimentant constamment la spéculation basée sur le principe que l'on peut acheter sans payer et vendre sans détenir. » Citant Maurice Allais, l'auteur ajoute : « En 1989, les flux monétaires, essentiellement spéculatifs, entre les pays du groupe des sept sont de trente quatre fois plus élevés que ceux correspondant aux transactions sur les biens et services ». Ce mouvement spéculatif s'est poursuivi dans les économies de l'OCDE. En fait, cela fait plus de vingt ans que l'économie réelle se trouve déconnectée de l'économie monétaire.

Les modes de financements islamiques fondés sur le principe de l'IFLI peuvent être parfaitement utilisés indifféremment dans un système financier désintermédié – sans banques – ou dans un système intermédié – avec banques.

Dans le premier cas, les agents peuvent, du fait de la moralité qui est supposée caractériser le monde des affaires islamiques, se prêter directement. Ainsi des instruments financiers islamiques peuvent se développer sur des marchés financiers entre épargnants et demandeurs de capitaux en face-à-face direct.

Dans le deuxième cas, celui de la finance intermédiée, il n'y a rien dans la *charia* qui empêche l'existence d'intermédiaires qui collectent les fonds auprès des épargnants et qui placent ensuite ces fonds auprès des agents qui en ont besoin. Les banques islamiques peuvent donc parfaitement remplir le rôle d'intermédiaires financiers.

Dès lors, un système financier islamique ne se différencie en rien, de par ses structures, du système financier conventionnel. Ce ne sont pas les véhicules de financement – banque et marché financiers – qui font la différence. La distinction fondamentale provient plutôt du degré d'asymétrie d'information et son corollaire la spéculation qui définit la distance qui sépare la finance de l'économie réelle. Ce qui est illicite ce n'est pas tant le contrat à

36. *Ibid.*

terme que la spéculation. La distinction est de ce point de vue très claire dans le Coran et le *hadith*. Comme on l'a signalé plus haut, outre le verset 282 de la *Sourate 2*[37] – *El Baqarah*, Al Boukhari et Mouslim rapportent que le Prophète exhorte les individus à prendre des précautions contractuelles permettant d'éviter les risques spéculatifs et les pertes qui en résultent.

Décrivant la situation d'instabilité financière et **les limites de la finance conventionnelle** qui prévalaient à la fin des années 1980, Maurice Allais, prix Nobel 1988, cité par Lamine Doghri[38], considère « qu'il s'agisse de la spéculation sur les monnaies ou de la spéculation sur les actions, le monde est devenu un vaste casino où les tables de jeu sont réparties sur toutes les longitudes et toutes les latitudes. Le jeu et les enchères, auxquels participent des millions de joueurs, ne s'arrêtent jamais. Aux cotations américaines se succèdent les cotations à Tokyo et à Hong Kong, puis à Londres, Francfort et Paris. Partout la spéculation est favorisée par le crédit, puisque l'on peut acheter sans payer et vendre sans détenir ». La cotation continue, de minute en minute, des cours des actions et des monnaies, favorise la manipulation des marchés et n'est profitable qu'aux professionnels qui spéculent. Selon Maurice Allais, elle ne favorise pas la production, l'équité et la répartition.

---

37. « Ô croyants ! Quand vous contractez une dette à échéance déterminée, mettez-la en écrit ; et qu'un scribe l'écrive, entre vous, en toute justice ; un scribe n'a pas à refuser d'écrire selon ce que Dieu lui a enseigné ; qu'il écrive donc, et que dicte le débiteur… »

38. Lamine Doghri, « Les marchés de capitaux et leurs instruments », *in Introduction aux techniques islamiques de financement*, Institut Islamique de Recherches et de Formation, Banque Islamique de Développement, acte de séminaire n° 37, Nouakchott, 5-9 décembre 1992.

Chapitre 4

La mondialisation de la finance islamique

La finance islamique se mondialise. Elle semble fasciner l'Occident et exciter la curiosité des financiers qui y voit un creuset d'innovations financières. L'ingénierie financière qui sous-tend certains produits islamiques de financement obligataire comme les *sukuk* se sophistique. Mais il reste à cette industrie financière naissante des défis à relever avant de s'affirmer dans les circuits contemporains de la finance mondiale.

I. L'OCCIDENT À L'ASSAUT DE LA FINANCE ISLAMIQUE

La finance islamique connaît depuis vingt ans une expansion considérable. Le rapport Arthuis relève que les données chiffrées concernant la finance islamique restent très partielles et sont donc sujettes à caution[1]. Il n'en reste pas moins que tous les experts s'accordent à dire que le marché de la finance islamique mondial dépasserait aujourd'hui les 500 milliards de dollars, soit dix fois plus qu'il y a vingt ans[2] (*cf.* tableau).

1. Rapport d'information sénatoriale n° 33 du 17 octobre 2007 de la commission présidée par Jean Arthuis, commission des Finances (voir http://www.senat. fr/noticerap/2007/r07-033-notice.html).
2. Voir Institute of Islamic Banking and Insurance, Moody's, Standard and Poor's. Voir aussi *2007 Review & 2008 Outlook: Islamic Finance*, Moody's Investors Service, 26 février 2008.

Tableau 6. – **La finance islamique dans le monde**

Région	**Actifs financiers *charia* compatible** (en milliards de dollars)	**Part** (en %)	**Population musulmane** (en millions)	**Actifs financiers islamiques par habitant** (en dollars)	**PIB par habitant** (en dollars)
Pays du CCG	**178**	**35**	34	5 235	17 639
Pays non CCG hors Afrique du Nord	**173**	**34**	213	812	4 095
Asie-Pacifique	**119**	**23**	780	153	3 056
Afrique	**18**	**4**	412	43	1 137
– Afrique du Nord	6		156	38	2 334
– Autres pays africains	12		256	46	883
Reste du monde	**21**	**4**	42	500	21 917
	509	100	1 893		

Source : Moody's Global Banking, mars 2008.

Une étude de Moody's indique même qu'elle aurait déjà atteint un montant de 700 milliards de dollars[3]. D'après Standard & Poor's, le

3. *2007 Review & 2008 Outlook, op. cit.* Voir aussi le dossier préparé par Andréane Fulconis-Tielens (2007 a), « Prospective : la finance islamique », *Banque & Stratégie*, n° 253, novembre.

marché bancaire islamique mondial est au-dessous de son vrai potentiel qui serait de 4 200 milliards[4].

La répartition géographique de ce marché est la suivante : environ 70 % d'actifs détenus dans la région du golfe Persique, 20 % en Asie – Malaisie et Indonésie –, les 10 % restants sont détenus en Europe, notamment à Londres, et aux États-Unis. Depuis vingt ans, ses actifs ont augmenté entre 8 et 11 %, en moyenne annuelle. Leur progression aurait été de l'ordre de 15 % jusqu'en 2010. Aujourd'hui, la finance islamique opère dans plus de 60 pays à travers plus de 300 institutions financières.

Le Dubai International Financial Center estime même que, dans la prochaine décennie, 50 à 60 % de l'épargne des musulmans du monde, soit 1,4 milliard d'individus, seront conformes à la *charia*[5].

A) Une finance mondialisée ouverte aux non musulmans

1) *Un vaste marché prometteur*

« Nous adapterons notre environnement juridique pour que la stabilité et l'innovation de notre place financière puissent bénéficier à la Finance Islamique. » Ces mots de Mme Christine Lagarde, ministre français de l'Économie, de l'Industrie et de l'Emploi, traduisent l'intérêt de l'Occident pour la finance islamique[6]. Doit-on aussi y voir une réponse à M. Gordon Brown qui lui aussi veut faire de Londres « le portail occidental et le centre mondial de la finance islamique[7] » ?

Avec la globalisation économique et financière et l'engouement pour la finance éthique et durable, les non musulmans s'intéressent à la finance islamique et contribuent même à son développement en dehors de ses frontières naturelles, celles des pays d'Islam.

---

4. Anouar Hassoune et Mohamed Damak, « Les habits neufs de la finance islamique », Standard & Poor's, Conférence sur la Finance Islamique organisée par Paris Dauphine, Paris, le 16 mai 2007.
5. Dubai International Financial Centre http://www.difc.ae/about_difc/sectors_of_focus/islamic_finance/
6. Forum financier de l'association Paris Europlace, 2 juillet 2008.
7. Déclaration de M. Gordon Brown, alors Chancelier de l'Échiquier, le 13 juin 2006.

Les pays musulmans producteurs de pétrole ont engagé des montants importants dans les institutions financières islamiques (encadré 9).

Encadré 9. – L'augmentation des revenus pétroliers des monarchies du Golfe

Les revenus pétroliers des six monarchies arabes du Golfe devraient augmenter de près de 75 % en 2008 par rapport à l'an dernier. Les gains pétroliers des membres du Conseil de Coopération du Golfe (CCG) – Arabie Saoudite, Bahreïn, Émirats arabes unis, Koweït, Oman et Qatar – qui avaient atteint 364 milliards de dollars en 2007, avoisineraient 636 milliards de dollars en 2008[8].

Les pétrodollars sont actuellement recyclés à l'aide d'instruments de marché et non de crédits bancaires comme dans les années 1970-1980. Le cycle pétrolier actuel s'accompagne d'une accélération notable de la croissance de la masse monétaire et du crédit, qui a contribué à faire monter les prix immobiliers et les cours des actions. Les indices boursiers du Moyen-Orient figuraient parmi les plus performants du monde en 2005 et la capitalisation du marché régional, près de 1,3 milliard de dollars, dépassait celle de l'Europe centrale et orientale et de l'Amérique latine au début de 2006[9]. Selon le Fonds monétaire international, l'abondance de liquidités et l'accroissement de la demande de financements de projets d'investissement ont entraîné une forte accélération des émissions d'obligations islamiques – les *sukuk*, surtout dans les pays membres du CCG[10].

Source : Synthèse de l'auteur.

---

8. Selon une étude économique publiée le 21 juin 2008 à Koweït par le cabinet d'experts koweïtien Al-Shall cité par http://www.2000watts.org/index.php/ energytrend/petrole/marche-du-petrole/55-oil-market/90-oil-revenu-golfe-2008
9. *Perspectives de l'économie mondiale*, Fonds monétaire international, avril 2006.
10. *Perspectives économiques régionales : Moyen-Orient et Asie centrale*, Fonds monétaire international, mai 2007.

La finance islamique s'impose sur la scène internationale. En effet, la finance *"charia compliant"* est en pleine croissance. Selon *The Banker*, la finance islamique affiche une croissance de 29,7 % par rapport à 2005[11].

Cette finance *halal* apparaît comme une formidable opportunité pour les banques conventionnelles. Il s'agit d'un moyen alternatif pour investir et d'une façon supplémentaire pour lever des fonds importants. C'est une finance qui permet de gagner de nouvelles parts de marché.

L'intérêt suscité par la finance islamique dépasse le cadre du monde musulman. Elle devient un enjeu mondial. Les experts de Standard & Poor's Ratings[12] mais aussi de Moody's[13] s'attendent à ce que la finance islamique continue son expansion géographique mondiale. La forte demande, à travers le monde, de produits et services financiers en accord avec la *charia* va encourager l'essor d'une offre de produits bancaires islamiques toujours plus sophistiquée mais tangibles et stables car non basés sur l'intérêt. Ces produits ne sont plus l'apanage des monarchies du Golfe ou de l'Asie musulmane.

C'est grâce à la mondialisation que la finance islamique connaît un renouveau, avec, notamment, le lancement en 2002, par la Malaisie, du premier emprunt d'État islamique, le *sukuk*, l'obligation islamique.

Cette finance pourra-t-elle néanmoins s'exporter à travers le monde pour devenir un système financier à part entière ?

En mars 2008, un rapport de Moody's Investors Services[14] signale que des pays non musulmans « aussi importants sur le plan économique que le Japon, le Royaume-Uni et la Chine pensent sérieusement à renforcer la place de la finance islamique sur leur marché domestique, renforçant d'autant la crédibilité de ce phénomène ». Ces pays veulent améliorer l'attractivité de leurs places financières pour les capitaux à la recherche d'une gestion conforme à la *charia*.

---

11. Top 500 Islamic Institutions – *The Banker* 2007.
12. Mohamed Damak.
13. Anouar Hassoune.
14. Anouar Hassoune et Limassol Mardig Haladjian.

2) *La finance* halal *moderne : Banque de détail et Banque d'investissement*

La finance islamique s'impose aujourd'hui dans la mondialisation financière du fait de la demande exprimée par la clientèle de détail et la clientèle *Corporate*.

La Banque de détail islamique, tout en restant ouverte aux non musulmans, s'adresse aussi à la population de religion musulmane estimée aujourd'hui à 1,3 milliard d'individus dont 13 millions en Europe et 5 millions en Amérique du Nord[15]. Cette population vit un retour vers les valeurs spirituelles. Elle éprouve ainsi le besoin d'être en conformité avec l'éthique musulmane, ce qui explique l'engouement pour la banque de détail islamique. Il existe une demande non satisfaite en matière de banque de détail pour les produits financiers conformes à la *charia*.

Une enquête menée en décembre 2003 en Belgique par le Centre d'études et de recherche en économie islamique sur un échantillon de 700 ménages musulmans indique une forte demande de produits islamiques pour l'acquisition de résidences principales. Selon l'enquête, une proportion de 61 % des personnes interrogées n'est pas propriétaire à cause du "riba"[16].

En France, il semblerait que la majorité de la clientèle musulmane choisirait spontanément un produit financier islamique plutôt qu'un produit conventionnel offrant les mêmes caractéristiques de rendement et de risque. Ce marché est donc très attractif (*cf.* encadré 10).

15. *Source : The Population Reference Bureau* http://www.prb.org/Journalists/FAQ/Muslims.aspx ainsi que *Muslims in the European Union – Discrimination and Islamophobia*, European Monitoring Center on Racism and Xenophobia, 2006, http://eumc.europa.eu/eumc/material/pub/muslim/Manifestations_EN.pdf et diverses sources de presse.

16. Andréane Fulconis-Tielens (2007 b), « La finance islamique a-t-elle un avenir prometteur en France ? », *Revue Banque*, n° 696, novembre.

Encadré 10. – Quel marché de détail pour la finance islamique en France ?

Près de la moitié des Musulmans pourraient être séduits. Pour la première fois en France, une enquête a été menée pour quantifier le marché potentiel de la finance islamique en banque de détail. Jusqu'alors les seules données disponibles sur le vieux continent concernaient la Belgique. « 47 % des Musulmans vivant en France seraient intéressés par un contrat d'épargne et 55 % par des emprunts qui respectent l'éthique islamique ». C'est ce que révèle une enquête réalisée par l'IFOP et commandée par l'IFAAS, un cabinet de conseil britannique spécialisé en finance islamique, et l'AIDIMM, une association de Musulmans à la recherche de solutions alternatives aux crédits bancaires classiques. Au travers d'un panel de 530 Musulmans composé de toutes les catégories socio-professionnelles dont plus d'un tiers de cadres supérieurs, l'étude estime qu'à ce jour près de 500 000 personnes d'origine musulmane « seraient très intéressées par des emprunts bancaires respectant la *charia* », la loi islamique.

De plus, ces derniers seraient « certainement ou probablement prêts à accepter un surcoût par rapport à un crédit classique ». D'après la démographe Michèle Tribalat, et sur les bases de données empiriquement collectées par l'IFOP, la population d'origine musulmane en France est estimée entre 3,7 et 4,1 millions, les statistiques ethniques n'étant pas autorisées sur le sol français.

Certes, les 500 000 personnes intéressées ne représentent que 10 % de cette population mais la finance islamique est encore un produit abstrait.

En Grande-Bretagne, en 2004, lorsque l'Islamic Bank of Britain a démarré, le marché était aussi estimé à 500 000 clients. Aujourd'hui, elle compte 50 000 clients pour ses produits "charia". HSBC Amanah, la branche islamique du groupe sino-britannique, en détient 300 000. Le marché français pourrait être une manne, et pas seulement pour les Musulmans pratiquants. Souvent les immigrés de deuxième, voire de troisième génération peuvent voir dans la finance islamique un moyen de garder un point d'ancrage avec leurs origines. Pour la viande *halal*, par exemple, qui est aussi un produit de consommation, une bonne partie des 62 % de Musulmans qui ne consomment que ce type de viande n'est pas pratiquante (*source* : IFOP).

Source : *Revue Banque*, n° 704, juillet-août 2008, p. 14.

La Banque d'investissement islamique trouve l'une de ses justifications dans la manne pétrolière qui représente une source de fonds accrus pour la clientèle *Corporate* des pays musulmans producteurs de pétrole, principalement les pays du Golfe. Les événements du 11 septembre 2001, suivis des règles d'information financière imposées par le Patriot Act et la crise financière de 2007-2008 ont suscité de nouvelles demandes de produits financiers de la part des fonds Moyen-Orientaux. C'est ainsi qu'on assiste à l'émergence de banques islamiques d'investissement conformes à la *charia*. Elles se refinancent essentiellement sur le marché interbancaire ou par émission de *sukuk*. C'est le cas de Gulf Finance House fondée en 2000[17], ou encore de l'Unicorn Investment Bank créée en 2004[18]. Elles offrent des rendements très élevés sur des lignes de métier longtemps réservées aux acteurs de la finance conventionnelle.

Les métiers de capital-investissement, d'intermédiation de projets d'infrastructure et d'investissements immobiliers directs se sont également développés au sein de la finance islamique. Il s'agit d'opérations avec effet de levier. La banque d'investissement islamique prend des participations majoritaires dans des sociétés en croissance et tente d'en dégager des rendements supérieurs par une gestion active des actifs acquis tout en demeurant en conformité avec la *charia*.

L'industrie financière islamique de « gros » est complétée par la présence de fonds souverains conformes à la *charia*. Ils cherchent des opportunités d'investissement pour les ressources excédentaires induites par les revenus pétroliers. Parmi ces fonds souverains, on peut citer l'Abu Dhabi Investment Authority (ADIA), investisseur institutionnel créé en 1976, entré en novembre 2007 dans le capital de Citigroup à hauteur de 4,9 % pour 7,5 milliards de dollars. On trouve aussi la Saudi Arabian Monetary Authority (SAMA), Banque Centrale d'Arabie saoudite créée en 1952.

---

17. http://www.gfh.com/en
18. http://www.unicorninvestmentbank.com/

B) Les banques universelles occidentales : entre *outsourcing* et création *ex nihilo*

1) *L'Europe sera-t-elle le futur centre de la finance islamique* ?

Les banques de détail conventionnelles sont conscientes du potentiel que représente une population musulmane importante en nombre. Certaines ont développé des unités spécifiques par création *ex nihilo*, d'autres ont fait de l'*outsourcing via* des « fenêtres islamiques ».

L'adoption de la finance *halal* par les banques conventionnelles apparaît comme une opportunité. C'est un argument pour explorer de nouvelles parts de marché et un outil d'intégration des populations immigrées musulmanes.

La finance islamique, attire les grandes banques occidentales (encadré 11). À l'image de la Grande-Bretagne, plusieurs pays s'intéressent fortement à ce marché et encouragent leurs banques à s'y ouvrir. Des banques internationales comme HSBC, Deutsche Bank, Citigroup s'y intéressent. Le Crédit agricole et BNP Paribas disposent déjà de départements spécialisés dans leurs établissements du Golfe, notamment au Royaume de Bahreïn. En outre, la filiale de la Société générale SGAM AI a lancé en juillet 2007 les premiers produits financiers conformes à la *charia*.

Encadré 11. – Les fenêtres "charia compliant" des grands groupes occidentaux

Plusieurs grands groupes occidentaux conventionnels ont ouvert des fenêtres internationales "charia compliant".

Le groupe HSBC est une des plus grandes institutions financières dans le monde musulman. **HSBC Amanah** établie en 1998, est l'entité bancaire islamique du groupe. Avec plus de 300 professionnels destinés au Moyen-Orient, à l'Asie du Sud-Est, à l'Europe et aux Amériques, elle représente la plus importante division bancaire islamique occidentale. En juin 2007, HSBC Amanah présente un total d'actifs de l'ordre de 9,7 milliards de dollars et affiche une croissance de 17,2 % par rapport à juin 2006. Elle occupe la quatorzième place dans le classement des 500 institutions financières islamiques, selon *The Banker*. HSBC

.../...

.../...

Amanah a multiplié ses interventions dans la banque de détail ainsi que dans la banque de financement et d'investissement. Grâce à son expérience dans le métier de l'assurance islamique – *takaful* à Singapour et aux Émirats arabes unis –, elle a été parmi les premières banques à avoir l'autorisation de proposer ce produit en Malaisie et en Arabie Saoudite.

Citigroup a créé des départements spécialisés : **Citi Islamic Investment Bank** (http://www.citibank.com/ciib/homepage/index.htm), filiale de **Citigroup** a été créée en 1996 au Royaume de Bahreïn. Elle offre des solutions bancaires novatrices. Ses produits financiers bénéficient de l'expertise de Citigroup en matière de financement structuré. Citi Islamic Investment Bank exerce ses activités dans plusieurs pays comme la Turquie, l'Égypte, le Pakistan, l'Inde ou le Bangladesh.

Source : Voir le site Internet des banques citées.

L'Allemagne présente sur les marchés des *sukuk* souhaite amorcer une adaptation de son système juridique en vue de la mise en place de produits bancaires de détails, notamment avec la transposition des contrats *mourabaha* et *ijara* en droit allemand. Notons qu'en juillet 2004, le *Lander* allemand de Saxe-Anhalt a été la première collectivité occidentale à avoir émis un emprunt « islamique », *sukuk*, pour 100 millions d'euros.

2) *Londres : le portail occidental de la finance islamique par des créations* ex nihilo

La City de Londres est déjà en avance avec plusieurs années d'expérience. En fait le Royaume-Uni est le premier pays occidental qui propose à la population musulmane des produits de financement islamique. Il a autorisé ses banques à offrir des produits financiers islamiques à côté des modes de financement conventionnels. Le Royaume-Uni a donc modifié ses lois afin d'assurer la mise en place d'un cadre réglementaire attractif pour la finance islamique. En effet, les montages financiers des banques islamiques nécessitent plusieurs transferts ou mutations. Chaque transfert suppose une taxation. La législation britannique a donc supprimé cet effet de **double taxation sur les opérations de financement islamique**[19]. Cette initiative, très novatrice, donne un avantage à Londres en tant que futur centre mondial de la finance islamique.

En 2003, la Grande-Bretagne, qui compte environ 1,6 million de Musulmans, a ouvert la voie à la finance islamique en Europe. HSBC Amanah UK, créé en 2003 a été le premier acteur financier à proposer des produits islamiques dans la banque de détail (compte courant, solutions pour achat de maisons). Cette banque compte aujourd'hui 5 500 comptes courants et 3 500 clients pour le financement immobilier[20].

En septembre 2004, la Grande-Bretagne a autorisé l'ouverture de l'Islamic Bank of Britain (IBB)[21]. Il s'agit de la première banque entièrement islamique en Europe. Elle obtient l'autorisation du FSA (Financial Services Authority) le 10 août 2004. Elle compte 10 agences et 40 000 clients[22]. Elle offre des services bancaires en conformité avec la *charia*. C'est une première en Europe. Lord George, l'ancien gouverneur de la Banque d'Angleterre a déclaré qu'elle « offrirait un vrai confort aux membres musulmans » de la société anglaise (*cf.* encadré 12).

Son capital s'élève à 14 millions de livres, soit 20,8 millions d'euros. Il a été souscrit par des investisseurs du Golfe et des investisseurs individuels, hauts fonctionnaires de banques islamiques du Royaume-Uni, Qatar, Abu Dhabi, Bahreïn et l'Arabie saoudite. Le président de l'IBB, Abdul Rahman Abdul Malik est l'ancien responsable de l'Abu Dhabi Islamic Bank. Michael Hanlon, ancien directeur régional de la banque de détail au sein de Barclays, en est le Directeur général. Un comité de trois spécialistes du *fiqh* financier et du droit musulman est chargé de surveiller la

19. Suppression du double droit de timbre des prêts immobiliers, la banque islamique achetant le bien, puis le revendant au client à échéance du prêt.
20. Andréane Fulconis-Tielens (2007 b), *op. cit.*
21. http://www.islamic-bank.com/islamicbanklive/GuestHome/1/Home/1/Home.jsp
22. Andréane Fulconis-Tielens (2007 b), *op. cit.*

conformité des services financiers offerts avec la *charia*. L'IBB vise à présent le marché européen. Son développement en Europe continentale est prévu au cours des prochaines années.

Encadré 12. – **Un exemple de produit offert par l'IBB : crédit immobilier *via* la *moucharaka* dégressive avec *ijara***

Le client choisit le bien immobilier. La banque évalue la valeur de la propriété et conseille le client pour parfaire son achat au nom de la banque. Le client et la banque contribuent ensemble à l'achat de la propriété, par exemple à hauteur de 70 % pour la banque et 30 % pour le client *via* un SPV (*Special Purpose Vehicule*) qui est une société créée dans un but précis : l'acquisition de l'habitation. La banque établit deux contrats avec le client. Le premier est un contrat de bail de type ***ijara*** en vertu duquel la banque s'engage à laisser la propriété au client à l'issue d'un nombre d'années convenu. Pendant cette période, le loyer sera payé sur une base mensuelle. Ce montant sera réexaminé tous les six mois. Le deuxième contrat est un contrat ***moucharaka*** dégressive où le client s'engage à acheter la propriété à la banque au même prix d'achat, moyennant un paiement mensuel. La part de la propriété du client augmente avec chaque paiement effectué en vue de l'acquisition. De ce fait, le montant du loyer payable par le client se réduit à mesure que sa part augmente. Le client s'engage également à hypothéquer le contrat de location pour garantir le paiement de location. Lorsque la totalité de la part de la banque a été achetée et tous les loyers versés au titre de la location, la banque transfère la propriété au client.

La banque peut aussi proposer à son client un contrat ***mourabaha***. Elle achète, par exemple, l'habitation à 100 et la revend à 110 à une personne physique à terme. La banque se rémunère à travers le différentiel de 10 et se fait rembourser au fil de l'eau par la personne physique.

Sources : Islamic Bank of Britain. Voir aussi « fiche technique », Andréane Fulconis-Tielens (2007), « La finance islamique a-t-elle un avenir en France ? », *Revue Banque*, n° 696, novembre.

L'European Islamic Investment Bank (EIIB)[23] comme la Bank of London and The Middle East (BLME)[24] ont reçu l'agrément du FSA respectivement en mai 2006 et juillet 2007 en tant qu'acteurs de la finance islamique « de gros ». Elles investissent une partie de la liquidité du Golfe dans des actifs structurés en Europe. Ces banques d'affaires en conformité avec la *charia* sont basées à Londres. Elles ont pour objectif de capter une partie des fonds des institutionnels et des grandes familles du Golfe pour les placer en occident dans des actifs à hauts rendements : immobilier, industrie, infrastructure, tourisme.

Pour consolider son statut de précurseur de la finance islamique occidentale, le Royaume-Uni a pris conscience de l'importance de la formation en la matière. C'est ainsi que le Securities and Investment Institute (SII) à Londres et l'École Supérieure des Affaires (ESA) au Liban ont organisé conjointement le lancement à Londres de l'IFQ (Islamic Finance Qualification)[25]. Cette qualification est très attractive dans la mesure où les spécialistes de la finance islamique sont de plus en plus recherchés.

3) *Les banques françaises à la conquête de la finance islamique par l'*outsourcing

En France, la prise en compte de ce marché est en cours. Elle vise notamment à éviter, grâce à des mesures fiscales, que les montages de la finance islamique subissent, par exemple, dans l'immobilier un surcoût de 2 % du prix d'acquisition à cause du montage juridique qui oblige à effectuer deux actes notariés distincts[26].

Plusieurs éléments plaident en sa faveur comme en témoigne le rapport Arthuis, rapport sénatorial de la commission des Finances[27] ainsi que le rapport Jouini-Pastré. Ce dernier signale : «…Il est un autre avantage compétitif dont dispose Paris sans en avoir profité à ce jour. Compte tenu de la proximité culturelle de la France avec

23. http://www.eiib.co.uk/html/aboutus.asp
24. http://www.blme.com/index.html
25. http://www.esa.edu.lb/fr/Actualites_02_new.shtml
26. Sylvie Ramadier (2008), « La finance islamique se fixe de nouveaux rendez-vous en France », *Les Échos*, 3 septembre 2008.
27. Rapport d'information sénatoriale n° 33 du 17 octobre 2007 de la commission présidée par Jean Arthuis, commission des Finances.

les pays musulmans, notre pays pourrait : 1) acquérir le leadership mondial en matière de Finance Islamique au prix d'un petit nombre de réformes (dix tout au plus) ; 2) ce faisant, dériver vers la Place financière de Paris des capitaux dont le montant peut être évalué, en première approximation, à 100 milliards d'euros[28]. »

Par ailleurs, pour Gilles Saint Marc, avocat associé chez Gide Loyrette Nouel, « le contexte juridique français est très largement compatible avec les problématiques de la finance islamique. Les grands préceptes de la *charia* se retrouvent aussi dans notre Code civil : le jeu est interdit depuis 1804 et l'usure est aussi prohibée[29] ».

Les aménagements fiscaux retenus par le ministre de l'Économie et des Finances, Christine Lagarde, fin décembre 2008, visent la mise en place par le gouvernement de mesures pour accueillir la finance islamique. Il s'agit de :

- l'**absence de prélèvement à la source,** c'est-à-dire la non-retenue à la source des capitaux étrangers qui sont redistribués à leurs actionnaires d'origine ;
- la **déductibilité de la rémunération versée par les *sukuk*,** c'est-à-dire la déductibilité de la rémunération des montages « *charia* compatible » en équivalence de charges financières ;
- la **neutralité fiscale à l'occasion des opérations de *mourabaha*,** c'est-à-dire la neutralité fiscale pour les opérations d'achat et de revente à caractère non spéculatif ce qui revient à la non-double taxation des droits d'enregistrement et de taxe de publicité foncière pour les actifs mobiliers ou immobiliers[30].

Ces deux derniers points ont fait l'objet d'instructions fiscales publiées au *Bulletin officiel des impôts* le 25 février 2009 et complétées par quatre instructions datées du 23 juillet 2010 relatives au régime applicable aux opérations de *Mourabaha*, d'*Ijara*, d'*Istisna*, et aux *Sukuk*[31].

---

28. Elyès Jouini et Olivier Pastré (2008), *op. cit.*
29. Andréane Fulconis-Tielens (2008), *op. cit.*
30. IIe Forum Français de la Finance Islamique, organisé par la Chambre de Commerce Franco-Arabe (CCFA) et Secure Finance, 26 décembre 2008.
31. Voir http://www11.minefi.gouv.fr/boi/boi2009/4fepub/textes/4fe09/Ò4fe09.pdf

Du côté de la banque de détail, avec environ 5 millions de musulmans, la France représente un marché potentiel pour la finance islamique[32]. Des banques *halal* étrangères tentent à ce jour de pénétrer le marché. La France va-t-elle se lancer dans la course à la *finance charia* ?

Le temps que les aménagements juridiques et fiscaux nécessaires se mettent en place dans la banque de détail, les banques françaises sont plutôt dans une première phase, celle de l'*outsourcing* et de la filialisation *via* des fenêtres islamiques spécialisées en banque de financement et d'investissement (BFI).

Le marché de la finance islamique est très suivi par les banques françaises *via* une filialisation dans la BFI. Société Générale, BNP Paribas ou Calyon ont créé des unités de finance islamique de type BFI au Moyen-Orient et à Londres.

Calyon, filiale de groupe Crédit agricole, fait de la finance islamique depuis le milieu des années 1990 (*cf.* encadré 13).

Encadré 13. – Calyon et le Global Islamic Banking

> Le développement de la finance islamique est aujourd'hui une tendance majeure sur la scène financière mondiale. Calyon offre depuis de nombreuses années une large palette de services financiers et de produits bancaires islamiques, et a mis en place en 2004 une équipe dédiée Global Islamic Banking, basée au Royaume de Bahreïn. La finance islamique partage les mêmes objectifs que la finance conventionnelle, mais se pratique dans le respect des règles de la *charia*. Elle repose en outre sur un principe de base : le partage des profits et des pertes et l'interdiction des intérêts *(riba)*. Parmi les concepts les plus communément utilisés dans la finance islamique figurent le *moudaraba* (partage des bénéfices), le *wadiah* (fiducie), le *moucharaka* (partenariat d'investissement), le *mourabaha* (vente à paiement différé) et le contrat *ijara* (crédit-bail).

Source : http://www.calyon.fr/banque-financement-investissement/finance-islamique/produits

32. Andréane Fulconis-Tielens (2007), « La finance islamique a-t-elle un avenir prometteur en France ? », *Revue Banque*, n° 696.

La branche Global Islamic Banking de Calyon exerce ses activités au Royaume de Bahreïn, mais également en Arabie Saoudite, aux Émirats arabes unis, au Yémen, au Liban et en Égypte. Étant une banque d'affaires, elle développe deux lignes de métier : la banque de financement et la banque de marché et d'investissement. Elle prend part aux opérations de financement des projets ou de financement à l'export des entreprises respectueuses des règles islamiques. Calyon propose aussi des produits d'investissement conformes à la *charia*. Cette branche s'adresse exclusivement à des institutions financières ou à des entreprises locales, régionales ou internationales.

BNP Paribas a créé une entité de finance islamique au Royaume de Bahreïn en 2003 : BNP Paribas Najmah. Elle a pour mission de fournir des solutions islamiques dans le monde entier (encadré 14).

Encadré 14. – **BNP Paribas Najmah : une panoplie de produits financiers islamiques**

BNP Paribas Najmah est l'entité de Finance Islamique du groupe BNP Paribas. Actif dans ce secteur depuis le début des années 1980, BNP Paribas a été l'une des premières banques à reconnaître l'importance de la finance islamique. **En 2003, BNP Paribas Najmah a été créé dans le Royaume de Bahreïn** avec la mission de fournir des solutions islamiques dans le monde entier. En 2005, BNP Paribas a reçu le prix *Euromoney* de *"Best Islamic Finance House"*. Cette nomination reconnaît l'expertise de BNP Paribas Najmah dans ses activités liées au financement de projets à structure islamique, *Corporate Finance* et *Corporate Banking*. De plus, elle distingue les solutions créatives que BNP Paribas Najmah a développées : première Émission Obligataire Islamique (*Sukuk*), Dérivés Actions (*Equity Derivatives*), Titrisation (*Asset Securitization*), Dérivés de Crédit (*Credit Derivatives*) et Financement Structuré Islamique de type *mourabaha*, proposant ainsi l'offre de produits islamiques la plus importante sur le marché.

Combinant ses compétences avec son expertise de la *charia*, BNP Paribas offre une large gamme de produits de finance islamique à haute valeur ajoutée, apportant des solutions nouvelles et innovantes pour répondre aux besoins spécifiques de ses clients.

Source : D'après http://mauritania.bnpparibas.com

Certaines banques françaises, comme BNP Paribas, sont également très actives sur les fonds d'investissement islamiques. En avril 2006, BNP Paribas lance BNP Paribas Islamic Fund – Equity Optimiser[33]. Ce fonds, domicilié au Luxembourg, est composé des 30 valeurs offrant le meilleur taux de rendement au sein de l'indice Dow Jones Islamic Market Titans 100, l'un des principaux indices actions conformes à la *charia*.

C) Un marché rentable

Les banques islamiques **bénéficient en principe de réduction des risques liés à l'aléa moral et à la sélection adverse.** En **participant au conseil d'administration des entreprises**, par les instruments de partages des bénéfices et des pertes (*moucharaka*), les banques islamiques arrivent à améliorer leur niveau de performance. En effet, plusieurs études comparatives montrent que les banques islamiques sont plus efficaces que les banques conventionnelles[34].

Nous avons comparé les résultats sur fonds propres (ROE) de dix grandes banques conventionnelles et de dix grandes banques islamiques (*cf.* graphique 10 et tableau 6). La taille des banques est mesurée par leur total de l'actif.

Les banques conventionnelles retenues sont : Bank of America, Barclays, BNP Paribas, Citigroup, Crédit agricole, Deutsche Bank, HSBC Holdings, ING, Royal Bank of Scotland, UBS.

Les banques islamiques retenues sont : Al Rajhi Bank, Bank Saderat Iran, Bank Mellat, Bank Tejarat, Kuwait Finance House, Dubai

---

33. Ghassen Bouslama (2008), « La finance islamique : une récente histoire avec la France, une longue histoire avec ses banques », Workshop *International Islamic Finance in Europe: from Niche to Mainstream?* European Research Group "Money, Banking & Finance" Financial and Monetary European Integration Group, 20 février 2009, Lille.
34. Umer Chapra (2007), "The case against interest: Is it compelling?", Thunderbird *International Business Review* ; March, Vol. 49, Issue 2, p. 161-186. Razi Fakih (2007), "Consolidation in the Islamic finance market", *Euromoney* ; January. Opportunities & Trends, Vol. 38, p. 4-5. Masudul Alam Choudhury et Mostaque Hussain (2005), "A paradigm of Islamic money and banking", *International Journal of Social Economics*, Vol. 32, Issue 3, p. 203-217.

Islamic Bank, Bank Sepah, Agricultural Bank of Iran-Bank Keshavarzi, Bank Maskan, Abu Dhabi Islamic Bank.

Comme nous l'avons déjà vu, les banques iraniennes dominent le classement des banques islamiques dans le monde. Ces banques doivent être cependant étudiées avec précaution car leur islamisation résulte d'un processus historique différent de celui des autres pays. Selon certains experts, l'évolution bancaire en Iran résulte d'une initiative publique menée après la révolution de 1979 qui aurait transformé le système de manière contrainte[35].

Graphique 10. – **Évolution du ROE des banques islamiques et des banques conventionnelles (en %)**

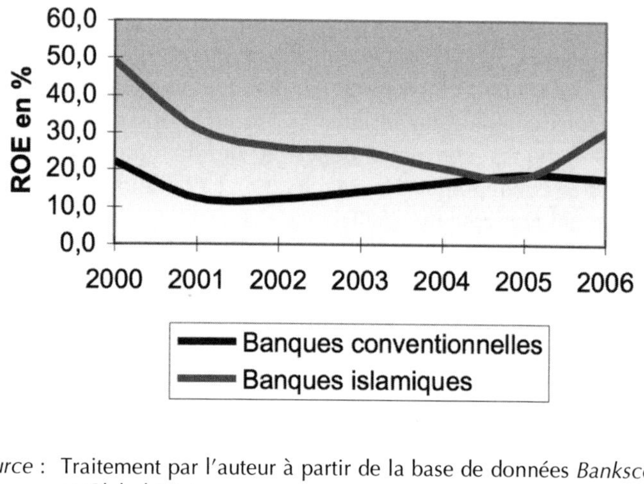

Source : Traitement par l'auteur à partir de la base de données *Banksco* et *Global Mint*.

Malgré l'érosion générale des marges au sein de toutes les institutions financières à partir de 2000, sur la période 2000-2006, le ROE moyen des banques islamiques demeure supérieur en moyenne. Il est quasiment de 29 % contre 16 % pour les banques conventionnelles (tableau 7).

35. Échange avec Anouar Hassoune, vice-président en charge de la Finance islamique au sein de Moody's, décembre 2008.

Tableau 7. – **Évolution du ROE des banques islamiques et des banques conventionnelles (en %)**

ROE en %	2000	2001	2002	2003	2004	2005	2006	Moyenne 2000-2006
Banques conventionnelles	22,1	12,3	12,2	14,2	16,7	18,9	17,8	16,3
Banques islamiques	49,1	31,0	26,1	25,0	20,5	18,3	30,5	28,6

Sources : Traitement par l'auteur à partir de la base de données *Bankscope* et *Global Mint*.

Les banques islamiques ont beaucoup de liquidité au passif et leur coût de refinancement est faible. Il en résulte que les marges sont importantes d'autant que les risques sont faibles sur certaines lignes de métier.

Il ressort de ces données que le système bancaire islamique présente une performance globalement meilleure.

Les banques islamiques ont été aussi plus résilientes face à la crise de 2007. En effet, le ROE moyen des 219 banques conventionnelles de pays musulmans a été de 1,5 % alors que le ROE moyen des 105 banques islamiques de ces mêmes pays a été de 8,4 %[36].

La croissance de la finance islamique fluctue en fonction des lignes de métier entre 15 et 20 %.

Al Baraka est une banque islamique universelle ayant un rayonnement international. Elle dispose d'une holding au Royaume de Bahreïn, d'un petit portefeuille de crédits et possède une participation dans 12 filiales qui couvrent 12 pays dont l'Afrique du Sud, l'Algérie, la Tunisie, l'Égypte, le Liban, le Pakistan.

Le passage du modèle de la banque conventionnelle au modèle "charia compliant" a été en général réussi. Les banques qui ont adopté le statut islamique ont fixé des tarifs plus élevés sans modification de leurs investissements, notamment dans la qualité

36. Calculs effectués par l'auteur à partir de la base de données *Bankscope* 2009.

des services rendus. Le fait d'être "charia compliant" constitue un label convoité par la clientèle.

II. UN CREUSET D'INNOVATIONS FINANCIÈRES

A) Le *sukuk* : une ingénierie financière islamique de financement obligataire

Le mot arabe *sukuk* est le pluriel du mot *sakk* qui signifie « document financier permettant au titulaire de bénéficier de la somme d'argent indiquée sur celui-ci[37] ».

Le contrat *sukuk* correspond à une obligation islamique adossée à un actif tangible. Les *sukuk* représentent un droit de créance pendant une période définie. Le risque et le rendement associés sont prédéfinis. Les contrats *sukuk* sont liés aux fonds d'investissement. **Le propriétaire du *sukuk* reçoit une part du profit attaché au rendement de l'actif sous-jacent et non un intérêt fixe. Les produits sous-jacents des *sukuk* peuvent être représentés par des contrats comme les** *ijara*, *moucharaka* **ou *moudharaba***. On distingue les **émissions de type souverain** par un État **et celles de type *corporate*** par une société ou une banque (*cf.* graphique 11).

Graphique 11. – **Le contrat *sukuk***

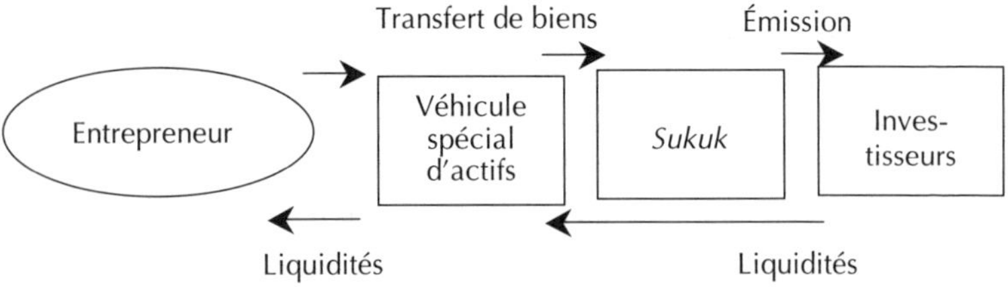

Le marché des obligations islamiques internationales est divisé en *sukuk* de dette souveraine émise par les États et de dette *corporate* émises par les entreprises. Le *sukuk* doit être adossé à des actifs réels – biens et services – générateurs de flux financiers. Il représente une quote-part indivisible de propriétés sur les actifs. Il a une échéance fixée d'avance. Il est associé au *Asset-Backed Securities* (ABS) de la finance conventionnelle.

37. *Dictionnaire Larousse Arabe*, Paris 1987, p. 848.

Le *sukuk* est différent de l'obligation car le taux de profit n'est pas connu d'avance. Le détenteur du titre participe aux profits et assume aussi les pertes. Le *sukuk* peut également être garanti par l'émetteur[38].

Le détenteur reçoit une part du profit généré par les actifs financés et non un intérêt fixé à l'avance comme dans un ABS. Les produits sous-jacents des *sukuk* peuvent être représentés par des contrats tels l'*ijara*, la *moucharaka* ou la *moudharaba*.

En 2001, l'Agence monétaire du Royaume de Bahreïn a été l'une des premières banques centrales à émettre des *sukuk,* suivie de la Malaisie. Ces obligations islamiques attirent de plus en plus d'émetteurs à travers le monde – banques, entreprises ou États.

L'AMF (Autorité des marchés financiers) en France admet le *sukuk* en tant que produit financier. Elle considère qu'il peut faire l'objet d'un placement. En revanche, ce n'est pas à l'AMF qu'il revient de vérifier la compatibilité du titre émis avec les principes de la *charia*. Cela ne relève pas de sa compétence. L'AMF doit simplement s'assurer que le prospectus établi est conforme aux lois et règlements européens. Le règlement européen ne prévoit pas de mesures spécifiques aux *sukuk* (*cf.* encadré 15).

Encadré 15. – **Le point de vue de l'AMF sur l'admission aux négociations d'obligations islamiques (*sukuk*)**

Les *sukuk* sont des obligations islamiques liées à un actif sous-jacent à travers différents types de structures, dont les deux principales catégories sont actuellement :

- les *sukuk* dont la rémunération et le remboursement reposent principalement sur des actifs sous-jacents et qui s'apparentent donc, par construction, à de la titrisation (*Asset-Backed Securities*) ;
- les *sukuk* dont la rémunération et le remboursement sont fondés sur des actifs sous-jacents, mais dans lesquels les investisseurs se reposent principalement sur l'engagement d'une ou plusieurs entités pour tout ou partie des paiements dus au titre des *sukuk*.

Les *sukuk* ayant fait l'objet d'un placement privé et/ou international du fait de la nature même des investisseurs concernés seront admis aux négociations sur le compartiment professionnel du marché réglementé. La compatibilité de l'émission avec les principes de la *charia* ne relève

.../...

38. Selon Anouar Hassoune, vice-président – Senior Credit Officer chez Moody's, journal *Les Afriques*, 16 mars 2008.

.../...

pas de la compétence de l'AMF. Il appartient aux émetteurs, avec l'aide de leurs conseils, d'inclure dans le prospectus les éléments pertinents, y compris les détails nécessaires concernant le *Sharia Board* impliqué dans l'opération, qui apporteront les informations utiles aux investisseurs leur permettant d'apprécier l'opportunité d'investir dans les *sukuk*. L'AMF a pour mission de s'assurer que le prospectus a été établi conformément aux lois et règlements européens. Le Règlement européen ne prévoit pas de schéma spécifique aux *sukuk*. L'article 23.2 de ce Règlement précise en revanche que lorsqu'un prospectus est relatif à une valeur mobilière assimilable mais non identique à l'une des catégories de valeurs mobilières visées par le règlement européen, l'émetteur intègre dans le schéma de note retenu pour cette valeur mobilière les compléments d'information pertinents, tirés d'un des autres schémas de notes déjà prévus par le Règlement. Cet ajout est effectué en fonction des caractéristiques principales de la valeur mobilière offerte au public ou admise à la négociation sur un marché réglementé. Il revient donc à l'émetteur de définir le contenu précis du prospectus, conformément à l'article 23.2 du Règlement européen en prenant en compte les caractéristiques financières des *sukuk* qu'il envisage d'admettre à la cotation. Il en informera l'AMF lors du dépôt du projet de prospectus en précisant le type de *sukuk* qui doit être admis à la cotation ainsi que les annexes du Règlement auquel il se conforme.

Source : AMF Paris, le 2 juillet 2008.

B) Les *sukuk* : un marché financier en plein essor de plus en plus mondialisé

Les statistiques sur la finance islamique sont encore peu développées mais les chiffres dont on dispose montre que le marché des *sukuk* est en pleine croissance. Selon le rapport Arthuis, « il s'agit d'un marché à très fort potentiel de développement, en croissance de 15 % par an[39] ».

Une étude récente de Moody's indique que le marché des *sukuk* bénéficie « d'une croissance phénoménale » : 97,3 milliards de dollars d'encours ont été vendus dans le monde fin 2007[40]. Selon la même étude, en 2007 le volume des émissions de *sukuk* a progressé de 71 % par rapport à 2006, atteignant 32,65 milliards de dollars. Le nombre de transactions de *sukuk* est passé de 109 à 119. Le montant moyen par opération est passé de 175 millions de dollars en 2006 à 269,8 millions de dollars en 2007.

---

39. Rapport d'information sénatoriale n° 33 du 17 octobre 2007, *op. cit.*
40. *2007 Review & 2008 Outlook, op. cit.*

Le secteur des services financiers a le plus souvent recours aux *sukuk*, soit 31 % du volume total, suivi de l'immobilier avec 25 %.

En 2008, les émissions totales de *sukuk* devraient continuer à augmenter d'environ 30 à 35 %. Les *sukuk* souverains de pays non musulmans (Japon, Thaïlande, Grande-Bretagne) seront très convoités. Ils pourront dynamiser davantage ce marché. Dans ces conditions, selon Moody's le montant de *sukuk* pourrait atteindre les 200 milliards de dollars en 2010. Les émissions de *sukuk* devraient donc croître à rythme compris entre 30 et 35 % par an.

Selon le FMI, le montant des *sukuk* a été multiplié par 6 en quatre ans. Le rapport Arthuis, citant le Dubai International Financial Centre (DIFC), indique que le stock total de *sukuk* aurait déjà atteint 70 milliards de dollars en 2007. En fait, cette tendance aurait déjà été dépassée selon les données de Moody's France (*cf.* graphique 12).

Malgré cette forte croissance, le montant des *sukuk* demeure encore très faible puisqu'il ne représente qu'environ 2 % des 4 700 milliards de dollars d'émissions obligataires mondiales.

Graphique 12. – **Une croissance rapide des *sukuk* souverains et *corporate* fin 2007**

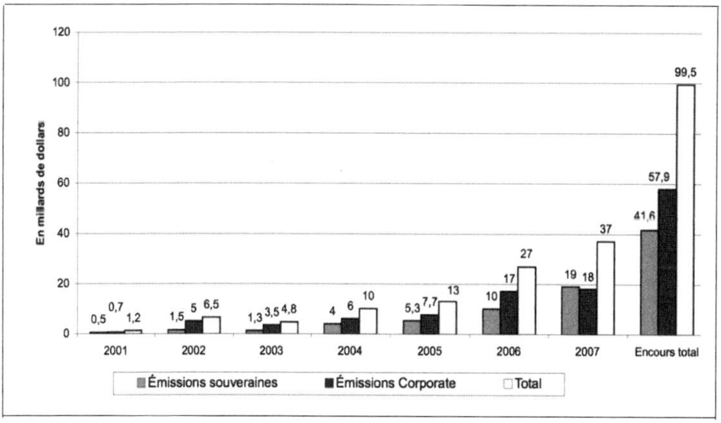

Source : Traitement à partir des données de l'étude *Quelle intégration de la finance islamique dans le système financier global ? Quels enjeux pour la France ?*, Anouar Hassoune, Moody's France, 14 mai 2008.

Le marché des émissions de *sukuk* a été touché par la crise de 2007. Après son fléchissement à partir de 2008 avec 14,9 milliards de dollars, les émissions remontent à 23,3 milliards de dollars en 2009. Le marché est dominé désormais par les émissions souveraines[41]. Les rendements ont atteint un plancher sans précédent, du fait notamment de la restructuration en 2009 des 3,5 milliards de dollars de *sukuk* émis par *Nakheel* qui fait partie de *Dubai World* dont la dette s'élève à 59 milliards de dollars ; la dette de l'émirat étant de 80 milliards. En 2010, les émissions totales ont néanmoins atteint 51,2 milliards de dollars[42].

Sur ce marché, les investisseurs qui étaient principalement musulmans sont de plus en plus aujourd'hui des non musulmans dont les entreprises mères se situent hors de pays musulmans. En outre les banques françaises internationales sont très présentes sur le secteur de l'émission des *sukuk* (*cf.* encadré 16).

Encadré 16. – BNP Paribas : premier *sukuk* émis en Arabie saoudite pour un Groupe familial

Le Groupe BNP Paribas a réalisé en juillet 2007 la seconde plus importante émission obligataire en Arabie Saoudite pour Saad Trading Contracting & Financial Services Company (STCFSC). BNP Paribas a agi en tant qu'unique teneur de livre de ce « sukuk » d'un montant de 650 millions de dollars à maturité 5 ans. Cette transaction est la première émise en Arabie Saoudite pour un Groupe familial. Le Groupe Saad est noté BBB+ (S&P). STCFSC est l'une des deux principales branches de ce Groupe. Ses activités incluent notamment la construction, l'immobilier et la santé. Cette société possède un portefeuille d'investissements importants dans plusieurs secteurs clés, en particulier dans le secteur bancaire saoudien et international. BNP Paribas est un de ses partenaires de banque d'investissement depuis plusieurs années.

Le livre d'ordres a atteint 1 milliard de dollars en deux jours, doublant ainsi l'objectif de départ de 500 millions de dollars. Les investisseurs européens représentent 46 % du total d'investissements, de nombreux ordres sont également venus du Moyen-Orient et d'Asie.

Source : BNP Paribas.

41. D'après Moody's Investors Service, 9/11/2009.
42. Standard & Poor's, 1/03/2011

III. LES CONTRAINTES DE L'INDUSTRIE FINANCIÈRE ISLAMIQUE

La finance islamique présente des atouts mais aussi des contraintes. Cette finance pourrait utilement contribuer à une réorganisation éthique des flux de capitaux à l'échelle mondiale. Elle peut aussi jouer un rôle dans le financement des économies émergentes et dans les pays occidentaux à fortes minorités musulmanes. Elle présente un potentiel compatible avec la microfinance. Elle peut renforcer les expériences de microcrédit à l'instar de la *Gramen Bank* pour des projets agricoles et de microentreprises. Par la technique du *waqf* ou *tabous*[43], elle peut servir au financement d'activités à caractère social dans les économies émergentes mais aussi dans les économies développées.

La finance islamique présente néanmoins des contraintes. Elle n'est pas encore standardisée et reste encore très fragmentée. Les initiatives sont disséminées à travers la planète et il n'existe pas encore d'entités transnationales capables de coordonner cette industrie naissante.

A) Une finance encore fragile

Le « talon d'Achille » de la finance islamique se situe au moins à deux niveaux : sa taille et ses acteurs.

La taille de l'industrie financière islamique. Dans un rapport du Sénat de mai 2008[44], Anouar Hassoune affirme : « Bénéficiant à l'origine des surliquidités du golfe Persique liées au prix du pétrole et renforcées par les effets du 11 septembre, la finance islamique s'est orientée depuis les années 1990 vers la clientèle des particuliers. » Jean Arthuis constate pour sa part que « la finance islamique faisait partie du paysage de la finance mondiale et que, soutenue notamment par l'évolution des cours du pétrole, elle connaissait une croissance rapide ». La finance islamique serait donc fortement dépendante de l'évolution des cours du pétrole. La volatilité du prix du baril peut donc la fragiliser. En outre, cette finance est

43. Donation par un particulier à une œuvre de bienfaisance.
44. Rapport établi par Jean Arthuis sur la finance islamique, n° 329, 14 mai 2008, http://www.senat.fr/rap/r07-329/r07-3291.pdf

géographiquement pour le moment peu diversifiée. Elle très concentrée en termes d'actifs dans les pays du Golfe et en Malaisie.

Les acteurs de la finance islamique sont encore de taille modeste comparativement aux banques universelles occidentales. Si on compare la taille moyenne, en termes d'actif, des dix grandes banques conventionnelles et des dix grandes banques islamiques, on s'aperçoit que le bilan moyen des banques islamiques est d'environ 15 milliards de dollars alors que celui de la banque conventionnelle est de 2 400 milliards de dollars[45].

La prédominance des dépôts liquides dans les bilans des banques islamiques constitue sans doute une des raisons de cette activité quelque peu bridée et de l'existence d'un potentiel financier sous-exploité. Cette situation freine l'intermédiation et retarde le développement bancaire[46].

La taille relativement petite des acteurs financiers islamiques peut donc constituer un frein à leur expansion internationale. Il est sans doute nécessaire de restructurer ces banques afin qu'elles évoluent vers une taille optimale en adéquation avec le marché mondial. Des opérations de fusions et acquisitions sont indispensables dans cette industrie afin qu'elles donnent naissance à des "Global Players" internationaux. Mais ces évolutions sont tributaires d'améliorations nécessaires au niveau de la gestion d'une forte liquidité au passif[47]. Sans ces améliorations, les banques islamiques risquent de voir leur rentabilité altérée.

Les acteurs de la finance islamique. Comme le signale le rapport Jouini-Pastré : « L'insuffisance du capital humain est, à ce jour, un des principaux freins au développement de la Finance Islamique[48]. » Le rapport signale que le nombre d'experts ou *shariah scholars* est très faible. Dans le monde, on en compte moins de 100 pour plus de 300 institutions financières islamiques.

---

45. Calculs effectués à partir de *Bankscope* sur 2006 et 2007. Pour les détails des calculs *cf.* le paragraphe C) Un marché rentable.
46. Estelle Brack (2007), « Les défis soulevés par le développement de la banque islamique », *Revue Banque*, n° 696, novembre.
47. Selon Anouar Hassoune, interview publiée le 13 février 2008, *op. cit.*
48. Elyès Jouini et Olivier Pastré (2008), *op. cit.*

Selon Estelle Brack, les banques islamiques « ont difficilement la structure, la capacité, l'environnement et le personnel pour remplir tous ces objectifs » liés à la mise en œuvre du financement de projets de type capital-risque[49]. Citant Goldman Sachs ou le cabinet KPMG, l'auteur rapporte que le capital humain et le manque de *scholars* et d'experts pourraient constituer un obstacle au développement du marché.

On peut légitimement penser que le recrutement de cadres et de personnel qualifié devrait se faire sur la base de la maîtrise des techniques bancaires et de la connaissance des standards du droit des contrats musulmans. Or, pour l'instant l'équilibre dans les profils n'est pas encore acquis. Dans la finance islamique, il y a encore un fossé qui sépare les techniciens de cette finance, souvent issue de la finance conventionnelle, et les docteurs en droit musulman qui ignorent les rudiments de la finance.

La finance islamique manque donc de cadres dotés de la double compétence. Cette faiblesse caractérise l'Europe et les États-Unis et risque de ralentir son expansion au-delà des pays historiques.

Les techniques financières et les compétences en droit musulman sont depuis peu dispensées par des formations universitaires et des grandes écoles à travers le monde. La question de la formation en finance islamique préoccupe les esprits. On peut évoquer l'exemple de l'IFQ (Islamic Finance Qualification) qui résulte d'un partenariat entre l'École Supérieure des Affaires de Beyrouth et le Securities and Investment Institute (SII) à Londres. L'université d'Harvard a également lancé un département de finance islamique. Les pays du Golfe sont quant à eux déjà dotés de formations adéquates. Mais *quid* de l'Europe continentale ? Les expériences sont encore timides et le terrain de la formation reste à consolider (*cf.* tableau 8). En France, l'École de Management de Strasbourg fait figure de pionnière. L'établissement délivre depuis janvier 2009 un diplôme en finance islamique, homologué Bac+5[50].

49. Estelle Brack (2007), *op. cit.*

50. « Un diplôme de finance islamique à Strasbourg », 12 décembre 2008, *La Tribune*.

Tableau 8. – **Quelques formations en finance islamique à travers le monde**

Université ou école	Pays	Intitulé de la formation	Site internet de la formation
1. Université de Strasbourg	France	Diplôme d'Université Finance islamique (Bac+5).	http://www.em-strasbourg.eu/formations/autres-formations-du-finance-islamique-2.html
2. Institut Français des Études et Sciences Islamiques	France	Formation continue	http://www.ifesi.fr/presentation/presentation. php
3. Université Paris-Dauphine	France	Diplôme d'Université « Principes et pratiques de la Finance islamique »	http://www.financeislamique.dauphine.fr/
4. The Chartered Institute of Management Accountants	Royaume Uni	Certificate in Islamic Finance	http://www.cimaglobal.com/Study-with-us/Certificate-in-Islamic-Finance/
5. ICMA Centre University of Reading	Royaume Uni	MSc in Investment Banking and Islamic Finance	http://www.icmacentre.ac.uk/ibif
6. Markfield Institute of Higher Education	Royaume Uni	Master in Islamic Banking, Finance and Management	http://www.mihe.org.uk/shortcourse-islamic-finance
7. Institute of Islamic Banking and Insurance	Royaume Uni	Formation continue	http://www.islamic-banking.com/pgd_course_syllabus.aspx
8. Cass Business School	R.U./Dubai	Cass EMBA Dubaï programme	http://www.cass.city.ac.uk/mba/dubai/index.html
9. La Sapienza university & ISME	Italie	Master's degree in Mediterranean and Arab Finance and Banking	http://www.uniroma1.it/default_e.php
10. École Supérieure des Affaires – ESA	Liban	Executive Master in Islamic Financial Manag.	http://www.esa.edu.lb/XIFM
11. The International Centre for Education in Islamic Finance	Malaisie	Masters in Islamic Finance	http://www.university-directory.eu/Malaysia/International-Centre-for-Education-in-Islamic-Finance-INCEIF.html
12. International Institute of Islamic Finance Incorporated	Malaisie	Formation continue et EMBA Islamic Finance	http://www.iiif-inc.com/ver2/
13. Islamic Banking and Finance Institute Malaysia	Malaisie	IBFIM i-Series Programmes	http://www.ibfim.com/index.php
14. Emirates Institute for Banking & Financial Studies	Émirats Arabes Unis	Banking diploma	http://www.eibfs.com/EIBFS/index.aspx
13. BIBF professional training Institute	Bahreïn	Master of Science in Islamic Finance	http://www.bibf.com.bh/content/professional-offerings/po-acadexec-depaul.htm#msif
16. International Institute of Islamic Business and Finance	Indonésie	Formation continue	http://www.iiibf.org/
17. Trisakti University	Indonésie	Post Graduate Program on Islamic Economics and Finance	http://www.tell.trisakti.ac.id/program_magister_ekonomi_syariah.php

B) Une finance en cours de réglementation et de normalisation

La finance islamique a un retard important en matière de gouvernance, de gestion des risques, d'homogénéité des normes comptables. Le Fonds monétaire international (FMI) a formulé des recommandations aux banques islamiques pour une mise en conformité de leurs normes comptables et prudentielles avec la réglementation de Bâle[51].

En outre, en Europe, les banques islamiques peuvent être confrontées au problème de la gestion des risques des débiteurs. Elles peuvent ainsi attirer des clients présentant moins de garanties, ceux rejetés par les banques conventionnelles.

Le développement du marché bancaire islamique se heurte à l'harmonisation des normes comptables conformes à la *charia* entre les pays. Ces normes sont encore hétérogènes, ce qui complique le développement de ce secteur. Cette hétérogénéité entraîne des problèmes de gouvernance et de transparence au sein des banques. Des actions sont envisagées par les organismes islamiques spécialisés comme l'IFSB (Islamic Financial Services Board) en vue d'une plus grande intégration de la finance islamique à la finance internationale et l'AAOIFI (Accounting and Auditing organization of islamic financial institution) en vue d'une plus grande harmonisation des normes comptables des établissements islamiques. Les banques islamiques doivent donc trouver un équilibre entre les exigences liées aux normes internationales – dont celles de Bâle II destinées à mieux appréhender les exigences en fonds propres – et les normes comptables de l'AAOIFI. L'AAOIFI doit également harmoniser les règles comptables des banques islamiques entre elles au niveau des bilans et des comptes de résultat.

Il est enfin important de garantir la conformité des opérations traitées et de superviser les produits et les activités pour en assurer leur conformité avec les principes islamiques. S'agissant du contrôle de la conformité des opérations, dans les pays qui ont un système bancaire et financier islamique, comme le Soudan ou l'Iran, ce contrôle est réalisé par la Banque Centrale. Dans les

51. Estelle Brack (2007), *op. cit.*

autres pays ayant les deux systèmes, les banques islamiques doivent se doter d'un Conseil religieux d'étude de la conformité et de l'éthique des opérations traitées. Le Conseil veille à la conformité avec la *charia*. Cependant, le système actuel peut être jugé par la clientèle comme insuffisamment conforme à la *charia*. En effet, certains clients peuvent considérer que la banque fait appel à un *Shariah Board* de circonstance pour donner une coloration islamique à des produits plutôt « conventionnels ».

Du fait de leur éparpillement et du manque d'unité dans leur création et dans leur gestion, ces conseils peuvent donc être confrontés à une méfiance sans oublier les différentes interprétations de la jurisprudence musulmane, liées aux quatre écoles juridiques – hanafite, malikite, chafiite et hanbalite. L'Extrême-Orient est considéré plus souple en matière financière que les pays du Golfe. Les *Shariah Boards* doivent donc trouver des solutions aux divergences dans les interprétations.

Conclusion

Il y a quelques années, la question de la finance islamique n'était que très peu abordée dans le débat public en France. Cette finance ne présentait qu'un attrait mineur.

Pour les régulateurs, la question paraissait complexe. Pour les dirigeants des banques, elle paraissait secondaire.

Aujourd'hui, le sujet intéresse davantage. L'accumulation des revenus pétroliers, la fragilisation de la finance conventionnelle et les exigences de traçabilité financière rendent le débat autour de la finance islamique « libre d'intérêt » plus précis. Certains acteurs y voient un complément de gamme utile pour une expansion bancaire internationale servant à canaliser une partie des revenus pétroliers. D'autres y voient des perspectives d'une bancarisation de masse de populations à la recherche de « produits financiers durables », conformes à l'éthique musulmane.

Malgré son jeune âge, la finance islamique contemporaine a de grandes chances de réussite en Occident.

Mais l'augmentation de la complexité par l'innovation des produits "charia compliant" doit être maîtrisée. Il faut donc espérer qu'un futur Conseil financier de la *charia*, de préférence d'origine publique en France, préserve le caractère tangible de cette Finance Libre d'Intérêt (FLI) de sorte qu'elle demeure une finance au service de l'économie réelle. Tout dérapage « spéculatif » basé sur des « effets de leviers » inconsidérés donnera raison à ses détracteurs.

La ligne jaune à ne pas dépasser en matière d'innovation financière islamique reste donc à définir notamment à la lumière de la crise mondiale actuelle. Elle constitue l'un des enjeux principaux pour l'apparition d'une véritable Finance Durable dans les années à venir.

Références bibliographiques complémentaires

Causse-Broquet Geneviève (2009), *La finance islamique,* Revue Banque Édition, 215 pages.

Charbonnier Jacques (2011), *Islam : droit, finance et assurance,* Larcier, 278 pages.

El-Gamal Mahmoud (2010), *Finance islamique. Aspects légaux, économiques et pratiques,* De Boeck, 243 pages.

Guéranger François (2009), *Finance islamique. Une illustration de la finance éthique,* Dunod, 262 pages.

Hassoune Anouar (2008), « La finance islamique dans le système financier international et dans la mondialisation », *in La finance islamique à la française : un moteur pour l'économie, une alternative éthique,* J.-P. Laramée (eds), chapitre 3, p. 87-126, Secure Finance.

Karich Imane (juin 2005), *Finances et Islam,* Éditions Le Savoir, 258 pages.

Laramée Jean-Paul (collectif sous la dir. de) (2008), *La finance islamique à la française : un moteur pour l'économie, une alternative éthique,* Secure Finance, 317 pages.

Siagh Lachemi (2003), *L'Islam et le monde des affaires : argent, éthique et gouvernance,* Éditions d'Organisation, 383 pages.

Glossaire[1]

Assalam : vente dans laquelle la livraison du bien est retardée jusqu'à une date déterminée.

Charia : loi canonique musulmane régissant la vie religieuse, politique, sociale et individuelle. Règles qui régissent les contrats de manière conforme aux exigences du droit musulman, inspirée par le Coran et les traditions du prophète Mouhamad.

Fatwa : avis juridique donné par une autorité religieuse spécialiste de la *charia* à propos d'un cas douteux ou d'une question nouvelle ; décision ou décret qui en résulte. Dans les opérations de financement islamiques, la *fatwa* est émise par le Comité de la *charia*.

Fiqh : jurisprudence ; le corps des juristes dans la loi islamique.

Fuqaha : exégèses, savants et érudits de l'islam.

Gharar : littéralement tromperie, incertitude, hasard, risque. En finance islamique ce terme vise la spéculation, le fait de s'exposer à un risque excessif compte tenu de l'incertitude sur le prix, la qualité ou la quantité de l'objet du contrat (vente à découvert, spéculation, produits dérivés...).

Hadith : paroles et actes du prophète Mouhamad.

Halal : licite, légal.

Haram : prohibé, illicite, interdit.

Ijara : contrat financier islamique similaire à la location-vente (crédit-bail).

1. *Source* : Adaptation de Elyès Jouini et Olivier Pastré (2008), *op. cit.* et du glossaire de Maya Boureghda et Mohamed Hamra-Krouha (2007), « Problématiques pratiques des financements de projet islamiques », *Banque & Stratégie*, n° 253, novembre.

Istisnaa : contrat financier islamique qui fournit la main-d'œuvre et l'achat d'un objet spécifique (contrat de sous-traitance).

Maysir : jeu de hasard interdit en Islam.

Moudharaba : forme d'association dans laquelle une des deux parties prenantes fournit le capital et l'autre le travail.

Moudharib : associé-entrepreneur dans un contrat de *moudharaba* qui fournit le travail et s'occupe de la gestion des fonds que l'autre associé lui a confiée.

Mourabaha : contrat financier islamique selon les termes duquel le créancier achète un actif pour le compte du débiteur et le lui revend avec une marge.

Moucharaka : contrat entre plusieurs associés qui contribuent ensemble tant au capital qu'à la gestion.

Moussawama : négociation ou marchandage visant à fixer un prix ou une marge en commun.

Qard al-hassan : prêt sans intérêt.

Rab-el-mal : associé-investisseur dans le contrat de *moudharaba* qui apporte le capital.

Riba : intérêt, usure.

Shariah boards : comités consultatifs composés de spécialistes en loi islamique (*shariah scholars*) qui se prononcent sur la conformité à la *charia* des produits financiers proposés.

Shariah compliant : conforme à la loi coranique.

Sounna : exemple normatif du Prophète, une des quatre sources du *fiqh*.

Sukuk : obligation « islamique », similaire à une obligation adossée à un actif.

Takaful : assurance islamique ; celle-ci prend la forme d'une assurance coopérative avec mise en commun des fonds, selon le principe de l'assurance mutuelle.

Zakat : un des cinq piliers de l'Islam, qui correspond à un impôt sur la richesse, principalement au bénéfice du pauvre et du nécessiteux.